セクハラのグレーゾーン
― 裁判例・指針にみる境界事例と会社対応 ―

著 山浦 美紀（弁護士）

新日本法規

は　し　が　き

　セクハラ、パワハラ、マタハラ、アカハラ、アルハラ、オワハラ…ハラスメントの法制化が進み、さまざまな類型の「いやがらせ」に名称がつけられ、社会問題と化しています。多数の類型のハラスメントの中でも、マタハラ、パワハラに先駆けて、セクハラ（セクシュアルハラスメント）は、古くから問題とされ、男女雇用機会均等法により、法制化されていました。しかし、いちはやく法制化されていたにもかかわらず、なぜ、令和のこの時代になっても、セクハラ問題はなくならないのでしょうか。

　仕事中に、下ネタを話したり、卑猥な言動をしたり、他の従業員の身体に不必要に接触したりする必要はありません。パワハラのように、上司による業務上の注意・指導の延長線上にあるものではありません。セクハラは、もともと業務に必要のない言動ですので、職場から撲滅しようと思えば撲滅できる類型のハラスメントです。

　「〇〇ちゃんの入れてくれたお茶はおいしいね」
　「このくらいの下ネタは、冗談で許されるだろう」
　「このくらいのボディタッチは、コミュニケーションの一環だ」

　自分の勝手な認識を常識と思い込み、加害意識のないまま、セクハラ言動を行ってしまっているケースがあります。「え、そんなことがセクハラなのか」と感じる方もいるかもしれません。セクハラとは一般的に「相手方の意に反する性的な言動」と言われていますが、「意に反する」の認識が個人個人によって異なることで、セクハラ問題が勃発する端緒になっているおそれがあります。

また、セクハラが発生したあとの対応についても、相談を受けた上司が勝手に「これはセクハラではないだろう」「単なる恋愛関係のもつれではないか」と、本来は判断に迷うべき事案について独自の解釈に基づいて即断し、対応を間違ってしまうこともあります。

　本書では、「このくらいは許されるだろう」「これはアウトだろう」の境界にあるセクハラ該当性のグレーゾーン、そして、その後の対応のセーフアウトのラインといった境界事例について、裁判例等をもとに、セクハラのグレーゾーンを詳細に検討しています。また、セクハラ調査や懲戒処分の際の手続上のグレーゾーン、セクハラと類似したハラスメントのグレーゾーンについても、解説をしています。

　なお、本書の姉妹書として、既刊『パワハラのグレーゾーン―裁判例・指針にみる境界事例―』もあわせてご参照いただき、皆様の円滑な業務の遂行にお役立ていただければ幸いです。
　最後に、姉妹書も含めて、本書の企画段階から支えてくださった新日本法規出版株式会社の宇野貴普氏、最後の仕上げに携わってくださった加賀山量氏に感謝の念を記します。

　令和7年1月

　　　　　　　　　　　　　　　弁護士　**山浦　美紀**

執筆者紹介

弁護士 **山浦　美紀**（鳩谷・別城・山浦法律事務所）

[経　歴]

平成12年　大阪大学法学部卒業

平成13年　司法試験合格

平成14年　大阪大学大学院法学研究科修士課程修了（法学修士）

平成15年　弁護士登録とともに北浜法律事務所入所

平成25年　北浜法律事務所・外国法共同事業退所

平成26年　鳩谷・別城・山浦法律事務所に参加

現　在　鳩谷・別城・山浦法律事務所パートナー弁護士

〔公　職〕

国立大学法人大阪大学監事

元大阪大学大学院高等司法研究科客員教授

元大阪大学法学部非常勤講師

元大阪地方裁判所民事調停官

[主な著作]

『〔改訂版〕Q＆A　有期契約労働者の無期転換ルール』（共著）（新日本法規出版、2024）

『実務家・企業担当者が陥りやすい　ハラスメント対応の落とし穴』（共著）（新日本法規出版、2023）

『パワハラのグレーゾーン―裁判例・指針にみる境界事例―』（新日本法規出版、2023）

『裁判例・指針から読み解く　ハラスメント該当性の判断』（共著）（新日本法規出版、2021）

『最新　同一労働同一賃金　27の実務ポイント－令和3年4月完全施行対応－』（共著）（新日本法規出版、2021）

『実務家・企業担当者のためのハラスメント対応マニュアル』（共著）（新日本法規出版、2020）

『Q&A　同一労働同一賃金のポイント－判例・ガイドラインに基づく実務対応－』（共著）（新日本法規出版、2019）

『女性活躍推進法・改正育児介護休業法対応　女性社員の労務相談ハンドブック』（共著）（新日本法規出版、2017）

『人事労務規程のポイント－モデル条項とトラブル事例－』（共著）（新日本法規出版、2016）

略　語　表

<法令等の表記>

　根拠となる法令等の略記例及び略語は次のとおりです。〔　〕は本文中の略語を示します。

　　刑事訴訟法第250条第3項第2号＝刑訴250③二
　　令和5年9月1日基発0901第2号＝令5・9・1基発0901第2

雇均〔男女雇用機会均等法〕	雇用の分野における男女の均等な機会及び待遇の確保等に関する法律（昭和47年法律113号）
男女雇用機会均等法施行通達	改正雇用の分野における男女の均等な機会及び待遇の確保等に関する法律の施行について（平成18年10月11日雇児発1011002号）
セクハラ指針	事業主が職場における性的な言動に起因する問題に関して雇用管理上講ずべき措置等についての指針（平成18年厚生労働省告示615号）
性差別禁止指針	労働者に対する性別を理由とする差別の禁止等に関する規定に定める事項に関し、事業主が適切に対処するための指針（平成18年厚生労働省告示614号）
パワハラ指針	事業主が職場における優越的な関係を背景とした言動に起因する問題に関して雇用管理上講ずべき措置等についての指針（令和2年厚生労働省告示5号）
パワハラ運用通達	労働施策の総合的な推進並びに労働者の雇用の安定及び職業生活の充実等に関する法律第8章の規定等の運用について（令和2年2月10日雇均発0210第1号）
刑	刑法（明治40年法律45号）
刑訴	刑事訴訟法（昭和23年法律131号）
民	民法（明治29年法律89号）
労契	労働契約法（平成19年法律128号）
労派遣〔派遣法〕	労働者派遣事業の適正な運営の確保及び派遣労働者の保護等に関する法律（昭和60年法律88号）

<判例の表記>

根拠となる判例の略記例及び出典の略称は次のとおりです。

京都地方裁判所令和元年6月28日判決、労働判例1302号49頁
＝京都地判令元・6・28労判1302・49

判時	判例時報	労判	労働判例
判タ	判例タイムズ	労ジャ	労働判例ジャーナル
労経速	労働経済判例速報		

目　次

第1章　はじめに

ページ
1　セクハラとは（法令・指針・裁判例にみる定義）…………3
2　セクハラ加害者個人の責任（刑法改正も踏まえて）………9
3　社員がセクハラをした場合に雇用主が負うリスクと責任……11
4　セクハラ案件の特徴（調査及び事実認定の困難性）………15
5　セクハラと労災………………………………………………18

第2章　セクハラ該当性のグレーゾーン

第1　性別に関するグレーゾーン

Case 1　女性社員が同僚の女性社員に対して「もっとちゃんとメイクしなさいよ」等の発言をした……………………23

Case 2　女性社員が宴会中に自分の腕を男性社員の首に絡ませたり、口を耳元に密着させたり、手を握ったりした……26

Case 3　男性上司が男性部下の交際相手の有無をうわさして回ったり、面白がってボディタッチをした………………29

Case 4　「女の子はお茶くみ」「女性は職場の華」「女性は家にいたほうがいい」「男は仕事が大事」といった発言をした………………………………………………………32

第2　言動に関するグレーゾーン

1　雑談・冗談

Case 5　特定の女性社員だけを「ちゃん」付けで呼称したり、指導の対応を変えたりした……………………………36

Case 6　「太った」「痩せた」という体型に関する発言をした……41
Case 7　「不倫している」とか「交際相手（彼氏・彼女）がいない」といったうわさを流した…………………………44
Case 8　職場をなごませるために、子供じみた下ネタやダジャレを言った………………………………………………47
Case 9　年輩の社員に対し、親しみを込めて、「ばばあ」「じじい」「おばさん」「おっさん（おじさん）」「おやじ」「はげ」などと年齢を揶揄するような呼び方をした………50
Case10　自らの男女交際の遍歴や夫婦関係のこと、不貞相手との関係や体験談を話した……………………………53
Case11　女性（男性）社員に対し、「男性（女性）社員の中で誰が好みのタイプか」と問いただし、異性の社員の品定めを強いた……………………………………………………56
Case12　部下にわざと卑猥に聞こえるような発言をさせるように仕向けて面白がった…………………………………60
Case13　女性上司が女性部下に対し「そんなにイライラして、生理中？」「更年期は嫌だね」などと口に出して指摘した……………………………………………………………63
Case14　採用担当が就活中の学生をデートに誘ったり、交際相手の有無を尋ねた……………………………………66

2　業務上の発言等

Case15　露出が多い服装をしている女性社員について、男性社員から苦情が寄せられたため、その服装を注意した……71
Case16　セクハラ研修後に、研修の内容を茶化すような不真面目な言動をした……………………………………………74
Case17　上司が、異性の社員と二人きりの個室で、注意や指導を行った……………………………………………………77
Case18　採用面接で役員が応募者に、結婚の予定や子供が生まれた場合の就業継続の意思を尋ねた…………………79

3　相手方のプライベートへの介入

Case19　上司が部下に合コンやお見合いを強引に勧めた ………… 82
Case20　子供の話ばかりしたり、早く結婚して子供を持つこ
　　　　とを執拗に勧めた ……………………………………………… 85
Case21　交際相手の有無や交際相手との関係、夫婦関係といっ
　　　　た異性との関係について詮索した …………………………… 88
Case22　リモートワーク中に、男性社員が女性社員の部屋や
　　　　服装に言及した ………………………………………………… 91

4　娯楽等

Case23　休み時間に周囲の目に入るところで、パソコンやタ
　　　　ブレットやスマホでアダルトサイトの卑猥な動画を
　　　　見た ……………………………………………………………… 94
Case24　嫌がる同性の部下を、異性が接客してくれる飲食店
　　　　（キャバクラ等）に連れて行った …………………………… 98

第3　身体的接触に関するグレーゾーン

Case25　挨拶ついでや喜びの表現として異性の社員に「ハグ」
　　　　をした …………………………………………………………… 100
Case26　手相を見せてと言い、差し出した手のひらを手相に
　　　　そって指でなぞった …………………………………………… 103
Case27　身体の自慢をするために、男性上司が、部下の女性社
　　　　員に、足や腕といった身体の部位を触らせた ……………… 105
Case28　職場内の狭い通路をわざわざ通って、異性の社員の
　　　　身体に触れた …………………………………………………… 107
Case29　体調の悪い異性の部下の介抱のために、おでこを触っ
　　　　て熱があるかを確かめたり、おなかをさすったり、肩を
　　　　抱いたりした …………………………………………………… 110
Case30　負傷したことから、異性の社員に介助を求め、介助し
　　　　てもらっている際に、異性の社員の身体を触る ………… 112

Case31　異性の社員の衣服についた髪の毛やゴミを指でつまんでとった………………………………………………………… 114

Case32　異性の社員に対して話しかけるときに接近したり、耳元でささやいたりした……………………………………… 116

Case33　異性の部下を褒める際に、頭をなでたり、ポンポンと触ったりした……………………………………………………… 118

第4　恋愛感情・交際関係に関するグレーゾーン

Case34　好意を抱いた社員に対し、昼夜問わず、頻繁に「おはよう」、「今何してるの」等のメッセージを送った………… 121

Case35　気に入った異性の社員の連絡先や住まい等の個人情報を執拗に尋ねた……………………………………………… 126

Case36　上司が、面と向かって嫌とは言わなかった部下と性的な関係を持ったが、部下は性的な行為中嫌がりもせず、翌日以降も笑顔で挨拶してきたり、いつもどおり接してきた………………………………………………………… 128

Case37　上司が部下に経済的援助をしたことの見返りに性的な関係（いわゆる援助交際の関係）が継続された………… 133

Case38　セクハラの被害申告があったが、被害女性は、男性上司と外でデートしたり、プレゼントをしたり、積極的に「会いたい」とのメールを送っていた……………………… 137

Case39　ラブホテルに一緒に入り、明確な拒否がなかったことから性的関係を持った………………………………… 141

Case40　業務命令がないのに、気になる女性社員の仕事を任意に手伝ったり、アドバイスしたり、様子を見に行った… 145

Case41　休憩時間や帰宅時間などの業務時間外に、気になる異性の社員と過ごすため、その社員の仕事が終わるのを待った……………………………………………………… 148

Case42　男性上司と女性部下が交際関係にあったが、女性部下から別れ話を切り出されたため、交際関係を継続するように仕向けた……………………………………………… 151

第3章　会社対応に関するグレーゾーン

Case43　取引先からセクハラ被害の調査をしたいとの申入れを受けたが、面倒なことに巻き込まれたくないため、取引を打ち切った……………………………………………… 155

Case44　主要な取引先の社員から自社の社員がセクハラを受けたが、事を荒立てずに済ませたい…………………………… 160

Case45　自社で受け入れている派遣社員がセクハラの被害者あるいは加害者になったら、派遣会社に全ての対応を任せたい………………………………………………………… 164

Case46　出向社員がセクハラの加害者あるいは被害者になったら、出向先に全ての対応を任せたい……………………… 167

Case47　上司が部下の性的な事柄をネタにしてうわさ話を流したことで、部下から抗議されたため、部下を遠方に転勤させた………………………………………………………… 170

Case48　トランスジェンダーの男性社員を営業職から外し、社内業務のみの事務職に配置転換した…………………… 173

Case49　ハラスメント規定策定前のセクハラ行為が発覚したため、現行のハラスメント規定に基づいて懲戒処分を課した………………………………………………………… 176

Case50　「お局さん」とか「夜の仕事しないの？」といった言葉だけのセクハラで重い懲戒処分を課した………………… 182

Case51　セクハラ調査の際、加害者へヒアリングをしたことをもって、その後の懲戒処分の際に「弁明の機会」を済ませたことにした………………………………………… 186

Case52　ハラスメント窓口担当者が、被害者に対し、「誘われる方にもスキがあったのではないか」等と発言した……… 190

第 1 章

はじめに

2

1 セクハラとは(法令・指針・裁判例にみる定義)

(1) 男女雇用機会均等法及びセクハラ指針における「セクハラ」概念

　男女雇用機会均等法11条1項は以下のとおり、「セクハラ」の2つの類型について定義をし、そのセクハラを防止するために、事業主に、必要な措置を講じることを義務付けています。この義務を「措置義務」といいます。

> 　事業主は、職場において行われる性的な言動に対するその雇用する労働者の対応により当該労働者がその労働条件につき不利益を受け、又は当該性的な言動により当該労働者の就業環境が害されることのないよう、当該労働者からの相談に応じ、適切に対応するために必要な体制の整備その他の雇用管理上必要な措置を講じなければならない。

　そして、厚生労働省のセクハラ指針では、男女雇用機会均等法11条1項の文言をもとに、セクハラ行為を2つの類型に分類しています(セクハラ指針2(5)(6))。

　1つ目の類型は、「対価型セクシュアルハラスメント」です。

　「対価型セクシュアルハラスメント」とは、職場において行われる労働者の意に反する性的な言動に対する労働者の対応(拒否や抵抗)により、その労働者が解雇、降格、減給等(労働契約の更新拒否、昇進・昇格の対象からの除外、客観的に見て不利益な配置転換等)の不利益を受けることをいいます。そして、セクハラ指針2(5)には、具体例として、以下の行為が挙げられています。

> イ　事業所内において事業主が労働者に対して性的な関係を要求したが、拒否されたため、その労働者を解雇すること
> ロ　出張中の車中において上司が労働者の腰、胸等に触ったが、抵抗されたため、その労働者について不利益な配置転換をすること

> ハ　営業所内において事業主が日頃から労働者に係る性的な事柄について公然と発言していたが、抗議されたため、その労働者を降格すること

　そして、2つ目の類型が、「環境型セクシュアルハラスメント」です。
　「環境型セクシュアルハラスメント」とは、労働者の意に反する性的な言動により労働者の就業環境が不快なものとなったため、能力の発揮に重大な悪影響が生じる等その労働者が就業する上で看過できない程度の支障が生じることをいいます。セクハラ指針2（6）には、具体例として、以下の行為が挙げられています。

> イ　事業所内において上司が労働者の腰、胸等に度々触ったため、その労働者が苦痛に感じてその就業意欲が低下していること
> ロ　同僚が取引先において労働者に係る性的な内容の情報を意図的かつ継続的に流布したため、その労働者が苦痛に感じて仕事が手につかないこと
> ハ　抗議しているにもかかわらず、事業所内にヌードポスターを掲示しているため、その労働者が苦痛に感じて業務に専念できないこと

　なお、上記の具体例のうち、「ハ」については、「厚生労働省　都道府県労働局雇用環境・均等部（室）」のリーフレットである「職場における・パワーハラスメント対策・セクシュアルハラスメント対策・妊娠・出産・育児休業等に関するハラスメント対策は事業主の義務です！」においては、「労働者が抗議をしているにもかかわらず、同僚が業務に使用するパソコンでアダルトサイトを閲覧しているため、それを見た労働者が苦痛に感じて業務に専念できないこと。」という事例に置き換えられています。このリーフレットは、パワハラ・セクハラ・マタハラについて、法令や指針を網羅しており、会社がハラスメントに対応するためのエッセンスが凝縮されていますので、参考になります。

(2) 誰を基準にセクハラを判断するか

男女雇用機会均等法施行通達第3・1(3)イ⑥には、「『労働者の意に反する性的な言動』及び『就業環境を害される』の判断に当たっては、労働者の主観を重視しつつも、事業者の防止のための措置義務の対象となることを考えると一定の客観性が必要である。具体的には、セクシュアルハラスメントが、男女の認識の違いにより生じている面があることを考慮すると、被害を受けた労働者が女性である場合には『平均的な女性労働者の感じ方』を基準とし、被害を受けた労働者が男性である場合には『平均的な男性労働者の感じ方』を基準とすることが適当であること。ただし、<u>労働者が明確に意に反することを示しているにもかかわらず、さらに行われる性的言動は職場におけるセクシュアルハラスメントと解され得るものであること</u>。」と誰を基準として判断するのかが明記されています（下線は筆者。）。「平均的な労働者」という客観的な基準に加え、下線部のような一定の場合には、労働者の主観も考慮する内容となっています。

他方で、セクハラと異なり、パワハラは、「<u>平均的な労働者の感じ方」を基準とする</u>（パワハラ指針2(6)）とされており、労働者個人の主観により判断する場合が排除されている点が異なります。

(3) どこまでが「職場」のセクハラか

男女雇用機会均等法11条では、「職場」におけるセクハラを防止する措置が義務付けられています。その「職場」は、「事業主が雇用する労働者が業務を遂行する場所」を指します。「当該労働者が通常就業している場所以外であっても、当該労働者が業務を遂行する場所」については、「職場」に含まれます（セクハラ指針2(2)）。

男女雇用機会均等法施行通達第3・1(3)イ①では、さらに詳しく、「職場」には、業務を遂行する場所であれば、通常就業している場所以外であっても、取引先の事務所、取引先と打合せするための飲食店（接待の場も含む）、顧客の自宅（保険外交員等）の他、取材先（記

者)、出張先及び業務で使用する車中等も含まれることが明記されています。また、勤務時間外の「懇親の場」、社員寮や通勤中等であっても、実質上職場の延長と考えられるものは職場に該当するとされています。その判断に当たっては、職務との関連性、参加者、参加や対応が強制的か任意か等を考慮して個別に行うものであることという点も付記されています（下線は筆者。）。

実際、職場の懇親会の二次会でのセクハラ行為（隣に座らせ、繰り返し身体接触をし、卑猥な発言をしたこと）について、雇用主の使用者責任を認めた事案があります（大阪地判平10・12・21判タ1002・185）。

（4） 誰が保護の対象か

セクハラは、「正社員」間でも起こりますが、裁判例を見ますと、「弱い立場の人ほど被害に遭いがち」な傾向があります（L館事件＝最高裁平成27年2月26日判決（労判1109・5）では、派遣社員や業務委託先の社員が被害者となりました。）。具体的には、非正規雇用である「パートタイム労働者」「契約社員」や「派遣社員」（東レエンタープライズ事件＝大阪高判平25・12・20労判1090・21）も、その保護の対象となります（セクハラ指針2(3)）。

なお、派遣社員については、派遣元のみならず、派遣先事業主も、セクハラ防止措置を講ずる義務があります（労派遣47の2）。

さらに踏み込んで、セクハラ指針7では、「自ら雇用する労働者以外の者（他の事業主が雇用する労働者、就職活動中の学生等の求職者、個人事業主、インターンシップを行っている者等）から、職場におけるセクハラに類すると考える相談があった場合には、その内容を踏まえて、男女雇用機会均等法11条の雇用管理上の措置も参考にしつつ、必要に応じて適切な対応を行うように努めるのが望ましい。」旨の記載があり、第三者に対するセクハラについても言及されています。

さらに、近時の報道によると、「カスタマーハラスメント」や「就活セクハラ」についても、法整備の動きがみられます。今後は、社内の

セクハラのみならず、社外との関係についても、事業主に対して法的義務が課されることが見込まれます。
　（5）　セクハラの当事者の性別は
　　ア　女性から男性へのセクハラ
　セクハラは、「男性」から「女性」になされるものと考えがちですが、逆のパターンもあります。バイオテック事件（東京地判平14・11・27労経速1824・20）では、女性管理職が、男性社員に対して、「後方から抱きつく、口を耳元に密着させる、手を握る、腕を首にからませる、ワイシャツにキスをする、股間を手で触る、自分の年齢がいくつに見えるかを執拗に尋ねる、体を触る」といった行為等をしたことに基づく普通解雇の有効性が問題となりました。また、日本郵政公社（近畿郵政局）事件（大阪地判平16・9・3労判884・56）においては、部下Y（男性）が、局内の浴室を利用し、上半身裸で体を乾かしていたところ、上司X（女性）が入ってきて、Yに近づき、じろじろ見ながら、「何してるの」「何でお風呂に入っているの」などと質問した等の行為がセクハラに該当するか否かが問題となりました。
　　イ　同性同士のセクハラ
　セクハラ指針2（1）には、職場におけるセクシュアルハラスメントには、「同性に対するものも含まれる」と明記されています。
　　ウ　性的少数者（LGBT等）の方に関するセクハラ
　さらに、セクハラ指針2（1）では、「被害を受けた者の性的指向又は性自認にかかわらず、当該者に対する職場におけるセクシュアルハラスメント」も含まれると示されています。
　（6）　何がセクハラ言動か
　　ア　性的な言動
　セクハラに該当する「性的な言動」とは、性的な内容の発言と性的な行動に分けられます（セクハラ指針2（4））。今はもう令和の時代です。性的なからかいや冗談、スキンシップが、コミュニケーションと

して許されるような時代ではありません。
① 性的な内容の発言

　性的な内容の発言とは、性的な事実関係を尋ねること、性的な内容の情報を意図的に流布すること、性的冗談、からかい、食事・デート等への執拗な誘い、個人的な性的体験談を話すこと等をいいます（セクハラ指針2(4)、男女雇用機会均等法施行通達第3・1(3)イ③）。

　「スリーサイズは？」と被害者に直接面と向かって言うこともこれに該当します。また、被害者が「不倫している」と不特定多数の人に吹聴することもセクハラに当たります。「彼氏いるの？」といったことを執拗に尋ねることも含まれます。

　また、女性だけにことさら「〜ちゃん」付けで呼ぶこと（「心理的負荷による精神障害の認定基準について」（令5・9・1基発0901第2）別表1　業務による心理的負荷評価表29⑦「弱」になる例）、「おばん、ばばあ、くそばば」（和歌山青果卸売会社事件＝和歌山地判平10・3・11判夕988・239）と揶揄中傷するような言動もセクハラ発言に該当します。

② 性的な行動

　性的な行動とは、性的な関係を強要すること、必要なく身体に触れること、わいせつな図画を配布・掲示すること、不同意わいせつ行為・不同意性交等がこれに当たります（セクハラ指針2(4)、男女雇用機会均等法施行通達第3・1(3)イ③）。

　職場で異性の身体の部位を必要なく触るといった典型的な行動もありますが、上下関係を利用してデートに誘うといったいわゆる「交際型」のセクハラもあります。

　　イ　被害者の迎合的な言動

　そして、男女雇用機会均等法施行通達第3・1(3)ハ③においては、「相談者が行為者に対して、迎合的な言動を行っていたとしても、その事実が必ずしもセクシュアルハラスメントを受けたことを単純に否

定する理由にはならないことに留意すること。」とされています。とくにセクハラでは、被害者の加害者に対する迎合的な言動があっても、ハラスメント該当性は否定されないとした裁判例が多く見られます。

　セクハラ調査においては、相手が嫌がっていなかったという弁解がなされることがありますが、内心は嫌がっていても、職場での人間関係の悪化をおそれて、嫌がっていないように振る舞っていることもあります。嫌がっていなかったとか、迎合的な言動をしていたことそれのみをもって、セクハラの成立を否定することはできないものです。

2　セクハラ加害者個人の責任（刑法改正も踏まえて）

　セクハラを行った加害者個人の責任は、大きく以下の3つ（①刑事責任、②民事責任、③労働者としての責任）が挙げられます。
　（1）　①刑事責任
　セクハラに該当する言動をしたとしても、それが必ずしも、犯罪行為に該当するとは限りません。また、「セクハラ罪」という犯罪はありません。しかし、セクハラに該当する言動がされた場合には、以下のような刑法犯に該当することがあります。したがって、セクハラの加害者は、被害者から、以下のような犯罪で被害申告がなされるおそれがあります。

【セクハラに該当する言動をした場合に成立し得る犯罪】
　不同意性交罪（刑177）、不同意わいせつ罪（刑176）
　名誉毀損罪（刑230）、侮辱罪（刑231）
　公然わいせつ罪（刑174）、わいせつ物陳列罪（刑175）

　従前、「強制性交罪」とされていたものが「不同意性交罪」に、「強制わいせつ罪」が「不同意わいせつ罪」に罪名及び構成要件を改正する改正刑法が、令和5年7月13日から施行されました。構成要件とし

て「暴行や脅迫」に加えて、以下のものが追加されました。

【新たに追加された構成要件】
① 従前の「暴行や脅迫」
② 「精神的、身体的な障害を生じさせること」
③ 「アルコールや薬物を摂取させること」
④ 「眠っているなど、意識がはっきりしていない状態であること」
⑤ 「拒絶するいとまを与えないこと」
⑥ 「恐怖・驚がくさせること」
⑦ 「虐待による心理的反応があること」
⑧ 「経済的・社会的関係の地位に基づく影響力で受ける不利益を憂慮していること」

　セクハラ加害者との関係でいえば、⑧の「経済的・社会的関係の地位に基づく影響力で受ける不利益を憂慮していること」が構成要件として追加されたことに注目すべきです（下線は筆者。）。上司部下間のセクハラ事案においては、刑事事件として立件されるリスクが高まったといえます。

　また、被害者がすぐに申出することが難しいという性犯罪の性質に鑑み、時効時間が延長されました。「不同意性交罪」は、10年から15年に、「不同意わいせつ罪」は、7年から12年にそれぞれ5年ずつ延長されました（刑訴250③二・三）。刑法改正により、セクハラ加害者が刑事責任を負うリスクが高まったといえます。

（2）②民事責任（損害賠償責任）

　男女雇用機会均等法は、セクハラ加害者にセクハラ行為をすることを禁じている法律ではありません。しかし、セクハラが成立する場合、加害者には民法上の不法行為責任（民709）が生じることが多いものです。具体的には、被害者に対し、損害賠償責任を負うことになります。この場面では、セクハラに該当するか否かは、不法行為の要件を充足

するか、主として「人格権侵害」といえるか「違法性」が認められるかという局面で論じられます。

東京地裁平成29年9月22日判決（平27（ワ）37455）では、「セクハラについては本件指針（筆者注：セクハラ指針）について、ある程度明確な定義づけがなされており、その該当性やこれが国賠法1条1項の違法な行為と認められるかについては、本件指針の規定を参照しつつ検討すべきものと解される」と判示され、セクハラ該当性の判断に、セクハラ指針を参考としています。他方で、セクハラの該当性を詳細に論じずに、人格権侵害の行為に該当するかを検討している裁判例もあります。

（3）　③会社の組織における労働者の責任（懲戒処分）

セクハラ加害者に対しては、会社の就業規則（ないしはハラスメント規程）に基づき、懲戒処分がなされることも多いものです。セクハラの定義や懲戒処分のメニューは、会社ごとに異なりますが、当該会社の就業規則やハラスメント防止規定のセクハラ行為に該当する場合には、懲戒解雇、諭旨解雇、降職（降格）、出勤停止（停職、懲戒休職）、減給、譴責（戒告）、始末書提出などの処分が課されるおそれがあります。

3　社員がセクハラをした場合に雇用主が負うリスクと責任

雇用主が負う責任は、大きく以下の3つ（①民事責任、②行政上の責任、③レピュテーションリスク）が挙げられます。

（1）　①民事責任

セクハラが発生した場合、会社が、セクハラ被害者に負う民事責任の法的根拠としては、以下の3つが挙げられます。

　ア　使用者責任

イ　職場環境配慮（調整）義務違反を理由とする不法行為責任
　ウ　職場環境配慮（調整）義務違反を理由とする債務不履行責任
　イとウの内容は共通していますので、以下は、「使用者責任」と「職場環境配慮（調整）義務違反」の2つに分けて、会社がセクハラ被害者に対して負う民事責任の内容を説明します。
　　ア　使用者責任
　従業員によるセクハラが「事業の執行について」なされた場合には、免責事由に該当しない限り、会社は不法行為責任を負います（民715①）。
　　（ア）　「事業の執行について」
　判例上、セクハラのような事実的不法行為の場合にも、従業員の加害行為が外形上職務の範囲内にあり、従業員の職務との関連性がある場合には、「事業の執行について」の要件を満たすとされています。
　横浜セクシュアル・ハラスメント訴訟事件（東京高判平9・11・20判時1673・89）は、「行為が行われた場所及び時間、上司としての地位の利用の有無」等を考慮要素とした上で、事務所内で営業所長により部下である女性社員に対し、勤務時間中に行われ、又は開始されたわいせつな行為につき、「事業の執行について」の要件を満たすとしています。このように、会社の勤務時間中の勤務場所におけるセクハラについては、使用者責任が認められるケースが多いと思われます。
　他方で、勤務時間外や勤務場所以外の行為についても、使用者責任が認められることがあります。例えば、懇親会等飲食の場での上司の言動に関して、飲食が行われた日、時間帯、会合の趣旨、目的、参加者の構成等を考慮した上で、使用者責任が認められた事案があります（大阪地判平10・12・21判時1687・104、東京高判平20・9・19判時2023・27等）。
　　（イ）　免責事由
　使用者は、被用者の選任及びその事業の監督について相当の注意を

したときは、使用者責任を負わない（民715①ただし書）とされています。しかしながら、判例上、この免責は簡単には認められていません。

東京セクシュアル・ハラスメント事件（東京地判平16・5・14判タ1185・225）では、会社が、「○○基本行動宣言」、「○○・コンプライアンス・マニュアル」や社内報を作成し、その中でセクハラ禁止を記載し、全従業員に配布し、会社の労働組合が開催したセクハラ防止セミナーに各部門長、支店長を出席させるなど、セクハラ防止の方針の周知に努め、被害者からセクハラ行為の申告を受けると、即日、加害者との職場を分離したという措置が取られました。しかし、会社は、被害者が退職したあとで、被害が申し立てられてから半年以上経過してようやく懲戒委員会を開いて加害者の処分について審議を始めたことや、加害者の選任及び監督について相当な注意をしても被害が発生することが避けられなかったという事実を認めるに足りる証拠もないことから、会社の免責を認めませんでした。

また、学校法人A京都校事件（京都地判令元・6・28労判1302・49）は、学校法人の分室長の男性が、雇用後1年少々の女性常勤教師に対し、ホテルで姦淫するなどのセクハラ行為を行った事案です。当該事案において、学校法人は、管理職に対し、セクハラ問題について強い危機感を持つように注意し、理事長が2か月に1度の頻度で職員に対して、セクハラ防止のために指導監督をしていたから民法715条所定の免責事由がある旨主張しました。しかし、判示では、京都校にはセクハラ窓口がなかったこと、セクハラが発生する背景について実効的な指導がされていたか疑問というほかないとして、免責事由を認めませんでした。

　イ　職場環境配慮（調整）義務違反

使用者責任とは別に、会社が、社員に対する労働契約に基づく付随義務としての職場環境配慮（調整）義務（労働契約法5条の安全配慮

義務の一種）に違反したとして、直接の不法行為（民709）ないし債務不履行責任を負うことがあります。

　会社の不法行為責任が認められた例としては、女子トイレの掃除用具置場に男性従業員が潜んでいた事案である仙台セクハラ（自動車販売会社）事件（仙台地判平13・3・26判タ1118・143）があります。

　会社の債務不履行責任が認められた例としては、三重セクシュアル・ハラスメント（厚生農協連合会）事件（津地判平9・11・5判時1648・125）があります。この事案では、会社が加害者のひわいな言動を把握していたにもかかわらず注意をせず、被害者から加害者と深夜勤務をしたくないと聞いていたにもかかわらず何ら対策を講じず、その後の加害行為を招いたというものです。

（2）　②行政上の責任（行政指導）

　男女雇用機会均等法11条では、セクハラについて、事業主に雇用管理上の措置義務の履行を求めています。措置義務を履行することは会社として当然に必要であり、違反の場合には、厚生労働大臣による助言、指導、勧告（雇均29）、企業名の公表（雇均30）、過料（雇均33）といった行政上のペナルティがあります。

　措置義務の具体的な内容は、セクハラ指針4に記載されており、以下、概要を紹介します。

ア　事業主の方針等の明確化及びその周知・啓発
　・就業規則やハラスメント規定の整備
　・社内報、パンフレット、社内ホームページ等でセクハラに関する周知・啓発
　・セクハラに関する講習や研修の実施
イ　相談（苦情を含む）に応じ、適切に対応するために必要な体制の整備
　・相談窓口の設置と周知

- ・相談マニュアルの整備
- ・相談窓口担当者への研修
ウ　職場におけるハラスメントへの事後の迅速かつ適切な対応
- ・事実確認
- ・事実確認後の被害者への適正な配慮
- ・事実確認後の行為者に対する適正な措置
- ・再発防止の措置
エ　ア～ウと併せて講ずべき措置
- ・被害者、行為者のプライバシー保護
- ・相談や事実関係確認に協力したこと等を理由とする不利益取扱いの禁止

（3）　③レピュテーションリスク

　著名企業において、セクハラ事案が発生した場合には、マスコミ報道が大きくなされることがあります。場合によっては、記者会見を開く必要が生じたり、第三者委員会等に調査を依頼したりすることもあります。セクハラの事実の有無にかかわらず、大きくマスコミ報道がなされたり、昨今では、SNS等でマスコミ報道以上に情報が拡散することもあります。

　一般消費者を顧客とする会社や学校などでセクハラが発生したとなると、イメージがダウンし、利用者（入学希望者）が激減するおそれもあります。民事責任や行政上のペナルティよりも、レピュテーションリスクは、企業の存亡に関わる大きなリスクです。

　この意味でもセクハラを防止する意義は大きいものです。

4　セクハラ案件の特徴（調査及び事実認定の困難性）

（1）　セクハラ訴訟の分類と特徴

　従業員間のセクハラ案件が裁判に発展した場合、どのような類型と

なるかをケース分類すると、大きく以下の2つのパターンがあります。
① セクハラの被害従業員が原告となり、勤務先会社と加害従業員(直接の加害者ではない上司も含む)の双方又は一方を被告として、損害賠償請求する類型
② セクハラの加害者とされた従業員が原告となり、会社に対し、懲戒処分の無効の確認を求める類型

いずれの類型の案件も争点としては、加害者の言動が、被害者の権利侵害をもたらす程度のセクハラであったか否かという事実認定が、まず問題となります。

多くの場合、訴訟に至るまでに、会社に対して、被害者からセクハラの相談や被害申告があり、会社が調査をする必要が出てくるでしょう。また訴訟に至るまでに、会社や加害者との間で示談交渉がなされることが一般的です。

(2) セクハラ事案の調査の困難性

ア 日時と場所

セクハラ行為は、密室で行われたり、長期間にわたり継続的に行われることが多く、セクハラ行為があったことを立証する手段としては、被害者の記憶に基づく供述によらざるを得ません。記憶に基づく供述ですから、セクハラが起こった日時や場所があいまいであったり、被害者と加害者の供述が真っ向から対立している場合もあります。

この点、セクハラについて、最高裁が高等裁判所の判断を覆した著名な判例であるL館事件（最判平27・2・26労判1109・5）では、言動によるセクハラ行為について、日時の具体的な特定はないものの、セクハラ言動の内容が判決書の別紙において、具体的かつ詳細に特定されています。

被害者の供述が具体的な事実認定の根拠となっていますが、「俺のん、でかくて太いらしいねん。やっぱり若い子はその方がいいんかな

ぁ。」等、自らの不貞相手に関する性的な事柄や自らの性器、性欲等について殊更に具体的に露骨で卑わいな発言が記載されています。他方で、日時については、「平成23年12月下旬」といった特定はしていますが、「平成23年」とか「平成23年秋頃」といったかなり広い範囲で特定がなされています。他方で、場所については、「精算室」「休憩室」といった特定となっています。

　このように日時の特定が抽象的であるにもかかわらず、セクハラ言動があったと認定されたのは、客観的証拠がなくとも、被害者の供述が具体的かつ詳細であり、信用性があると認められたことによると考えられます。

　なお、「日時」については、「何年何月何日何時何分何秒」まではっきり記憶していることはまれでしょう。特に継続的なセクハラの場合は長期間にわたりなされていることから日時の特定が困難です。他方、セクハラの「場所」については、はじめての出張先や移動中の交通機関を除けば、概括的にでも記憶しているはずです。セクハラの「場所」の記憶があやふやであるケースでは、ハラスメント行為自体の記憶もあやふやであると考えられます。

　　イ　なるべく特定を

　とはいえ、日時も場所もある程度の絞り込みは必要ですので、「○○という大きな災害のあった日の前か後か？」「会社の○○との行事の前か後か？」という質問による絞り込みや、服装により季節を特定するといった工夫も必要となります。

　場所についても、通常業務を提供するオフィス内であれば、記憶も鮮明でしょう。はじめての出張先や移動中の交通機関の場合には、地名の特定は困難だとしても、「○○の出張の移動中のタクシー（新幹線）内で」といった特定をする工夫が必要となるでしょう。

(3) セクハラの事実認定に当たって

　セクハラ言動を撮影したり録音した動画や録音証拠、セクハラ言動を含むメール・SNSメッセージ・手紙があれば、直接証拠となりますが、このような客観的な証拠がある事案の方がまれだと思われます。客観的な証拠がない場合であっても、被害後のメールやSNSメッセージ、診断書も間接的な証拠となります。とはいえ、これらは、直接証拠と異なり、セクハラ被害者の主観的な言い分が取り込まれていることがありますし、診断書は、負傷したこと自体の証拠になりますが、セクハラ行為による負傷かどうかの直接証拠にならないことに注意を要します。

　また、目撃者等の第三者との証言の一致を探ることも事実認定の材料となります。目撃者が不在の場合でも、加害者から同種のセクハラ被害を受けている者が他にいるということも間接証拠となります。ただ、第三者については、加害者・被害者のどちらか一方と親しい関係にないかといった当事者との関係性に留意してヒアリングを進める必要があります。

5　セクハラと労災

(1)　精神障害の労災認定

　ハラスメント等の心理的負荷により精神障害を発症した場合の労災事案については、厚生労働省の「心理的負荷による精神障害の認定基準」（令5・9・1基発0901第2）（以下「認定基準」といいます。）に基づき、労災給付支給対象であるのか否かの判断がなされます。認定基準では、以下の要件を満たす場合に、労災として認定がされます。

① 認定基準の対象となる精神障害を発症していること
② 精神障害の発病前おおむね6か月以内に、「業務による強い心理的負荷」が認められること

③　業務以外の心理的負荷や個体的要因により精神障害を発病したとは認められないこと

　「うつ病」や「適応障害」は、①の認定基準の対象となる精神障害です。実際に、ハラスメントによる精神障害の労災認定の際に、最も問題となるのは、②の「業務による強い心理的負荷」です。なお、③の「業務以外の心理的負荷や個体的要因」とは、私的な出来事（離婚、別居、借金等）や精神障害の既往歴をいいます。

（２）　セクハラと心理的負荷の評価（上記②の評価）

　セクハラの場合については、その「内容や程度等」・その「継続する状況」・「会社の対応の有無及び内容、改善の状況、職場の人間関係等」により、被害者である社員に対してどの程度の心理的負荷（「強」、「中」、「弱」の３段階）があったのかが、認定基準に具体的に例示されています。

　例えば、「強姦や、本人の意思を抑圧して行われたわいせつ行為などのセクシュアルハラスメントを受けた」場合は、それだけで「特別な出来事」があったと判断され、心理的負荷は、「強」と判断されます。「身体接触のない性的な発言のみのセクシュアルハラスメントであって、発言の中に人格を否定するようなものを含み、かつ継続してなされた」場合には、心理的負荷は、「強」と評価されます。

　「身体接触のない性的な発言のみのセクシュアルハラスメントであって、発言が継続していない」場合であれば、「中」と評価されます。しかし、心理的負荷が「中」と評価されると思われるケースでも、出来事の前後に長時間労働が認められるケースやセクハラ以外の出来事が複数生じた場合には、総合評価が「強」となることもあります。

　他方で、「『○○ちゃん』等のセクシュアルハラスメントに当たる発言をされた」場合には、「弱」と評価されます。「○○ちゃん」と呼称するくらい許容されてよいのではないかと感じる人が多いかもしれま

せんが、認定基準の中においてはセクハラ行為の1つとして例示されています。

(3) 裁判例では

紀文フレッシュシステム事件(札幌地判令2・3・13労判1221・29)では、女性アルバイト店員に対する男性社員による身体的接触(頭を気持ち悪さを感じるような態様で3回なでる、胸や脇の辺りに顔を近づけて匂いを嗅ぐ、菓子を口移しするようなしぐさ)や性的言動(「眼鏡を外したほうがかわいいよ」「ここでして」と股間部分を指差して性行為を求めた、「なんで結婚したの」等)がセクシュアルハラスメントに該当すると認定された上で、その後の会社の相談対応の不備(相談を受けたのに相談窓口へ報告したり、相談日を設けたりしなかった)もあいまって、精神疾患に業務起因性が認められました。

(4) 労災認定と民事訴訟

精神疾患が業務に起因するものだとしても、ただちに、民事上の責任が認められるわけではなく、安全配慮義務違反や不法行為の故意又は過失が認められる必要があります。しかしながら、労災の業務起因性が認められたということは、民事訴訟が提起されるおそれも高いものですので、早期解決を目指して、示談に応ずるという判断の一助となります。

心理的負荷の評価においては、ハラスメント行為の重要性のみならず、相談後の会社の対応も加味されます。相談後の会社の対応に不備があれば、民事上の責任も認められやすくなりますので、ハラスメントの事後対応にも留意する必要があります。

第 2 章

セクハラ該当性のグレーゾーン

22

第1　性別に関するグレーゾーン

> **Case 1**　女性社員が同僚の女性社員に対して「もっとちゃんとメイクしなさいよ」等の発言をした
>
> 　女性社員Aが同僚の女性社員に対して「もっとちゃんとメイクしなさいよ」「そんな男っぽい服装はやめなさい」「女性らしい行動をしなさい」「そんなんじゃ彼氏できないわよ」というように、性別役割分担意識をやたら押し付ける発言を繰り返していました。同性同士、とりわけ、女性から女性に対するセクハラは、成立するのでしょうか。

専門家の眼

　セクハラ指針によれば、セクハラの加害者・被害者それぞれについて、性別は特定されておらず、男性から女性への言動だけではなく、同性同士の言動（女性から女性への言動）もセクハラに該当します。

📌　女性から女性へのセクハラ

　セクハラ指針においては、セクハラの加害者・被害者それぞれについて、性別は特定されていません。セクハラ指針2（1）には、「職場におけるセクシュアルハラスメントには、同性に対するものも含まれるものである。」と明記されています。男女雇用機会均等法施行通達第3・1（3）イ③にも「女性労働者が女性労働者に対して行う場合…についても含まれること。」と記されています。したがって、女性から女

性へのセクハラも成立します。

★ どこまでがアドバイスか

さて、本事例では、女性社員Aは、同僚の女性社員に対して、
① 「もっとちゃんとメイクしなさいよ」
② 「そんな男っぽい服装はやめなさい」
③ 「女性らしい行動をしなさい」
④ 「そんなんじゃ彼氏できないわよ」
上記4つの発言をしています。
　（1）　①「もっとちゃんとメイクしなさいよ」との発言
　女性社員Aの「もっとちゃんとメイクしなさいよ」との発言は、化粧をしっかりとしていない同僚の女性社員に対するアドバイスとも考えられます。例えば、顧客対応を要する接客部門や営業部署の社員であれば、それなりの身なりをすることが要求されます。女性社員であれば、ノーメイクで髪の毛もボサボサの状態で顧客対応をするわけにはいかないでしょう。他方で、それなりに身なりも整えている内勤の事務職の同僚の女性社員に対して、殊更嫌味を言うように「もっとちゃんとメイクしなさいよ」と押し付けるような発言であれば、同僚の女性社員も少なからず不快感を覚えるでしょう。
　このように発言が行われた状況にもよりますが、少なからず不快感は覚える発言ではあるものの、「もっとちゃんとメイクしなさいよ」というだけでは、アドバイスの域を超えたセクハラとはいえないでしょう。
　（2）　②「そんな男っぽい服装はやめなさい」及び③「女性らしい
　　　　行動をしなさい」との発言
　これらの発言は、「男っぽい」とか「女性らしい」というように、性別役割分担意識を前提とした発言です。服装について制服やルールが

定められている場合や、巫女や女性モデルといった女性に限定されている職種は別として、一般の私服で構わない職場においては、「男っぽい」とか「女っぽい」といった主観的な基準により服装や行動を指示することは、不適切です。とはいえ、平均的な女性労働者の感じ方からすれば、気分は害するものの、「労働者の意に反する性的言動」であり「就業環境を害される」セクハラ言動とまでは言い切れません。

このような言動が執拗に繰り返されたり、他の言動（例えば④のような言動）と相まって行われた場合には、セクハラに該当するおそれがあります。

（3）　④「そんなんじゃ彼氏できないわよ」との発言

同僚へのアドバイスとして、交際相手の有無に言及する必要もなく、交際相手がいないことを揶揄する発言であり、平均的な女性労働者の感じ方からすれば、「労働者の意に反する性的言動」であり「就業環境を害される」発言であるといえます。したがって、④の発言については、それ自体が、セクハラに該当する言動であるといえます。

✦　ジェンダーハラスメントとセクハラ

男女雇用機会均等法施行通達第3・1（3）イ③においては、「性的な言動」に該当するためには、その言動が性的性質を有することが必要であると記載されています。したがって、本事例の各発言は、「固定的な性別役割分担意識に係る問題」と捉えるべきともいえます。

しかし、「人事院規則10−10（セクシュアル・ハラスメントの防止等）の運用について」(平10・11・13職福442)では、「性別により役割を分担すべきとする意識」に基づく言動は「性的な言動」に含まれるとされています。

実務上の運用では、ジェンダーハラスメントとセクハラの区別は難しいところがあります。したがって、本事例の各発言もセクハラと捉えて、措置義務の対象と考えておくのがよいでしょう。

> **Case 2** 女性社員が宴会中に自分の腕を男性社員の首に絡ませたり、口を耳元に密着させたり、手を握ったりした
>
> 　女性管理職が、賞与支給の宴会のときに、部下の男性社員に対し、腕を首にからませたり、口を耳元に密着させたり、手を握ったり、自分の年齢がいくつに見えるかを執拗に尋ねたりしました。宴会は、ほかの社員も大騒ぎしており、女性管理職は、「周囲の人にはやし立てられて、その場のノリで、男性社員に絡んでいただけで、空気を壊せなかったんです」と主張しています。このような女性管理職の行為は、男性社員に対するセクハラとなりますか。

専門家の眼

　セクハラ指針では、セクハラの加害者・被害者それぞれの性別は特定されていません。男性から女性への言動だけではなく、女性から男性への言動もセクハラに該当します。

★ 女性から男性へのセクハラ

　セクハラ指針においても、男女雇用機会均等法施行通達においても、セクハラの加害者・被害者それぞれについて、性別は特定されていません。

　セクハラは、「加害者は男性」「被害者は女性」とイメージされがちですが、「女性から男性に対して」も、「同性間」でも、さらには、被

害者の性的指向又は性自認にかかわらず、成立します。

★ セクハラ該当性

　本事例では、女性の上司が、賞与支給の宴会において、男性の部下に対し、「腕を首にからませたり、口を耳元に密着させ、手を握ったり、自分の年齢がいくつに見えるかを執拗に尋ねたり」しています。
　賞与支給の宴会が、職務との関連性も強く、参加者が部署のほぼ全員で実質的に強制的な参加の意味合いが強い「懇親の場」であれば、「職場」に該当します（男女雇用機会均等法施行通達第3・1（3）イ①）。
　また、男性に対する言動も、平均的な男性労働者の感じ方からすれば、「労働者の意に反する性的な言動」であり「就業環境を害される」ものといえますので、懇親の場のノリや空気を壊せなかったということで済まされるものではなく、雇用管理上の措置義務の対象となるセクハラに該当するといえます。

★ 女性から男性へのセクハラの裁判例

（1）　女性管理職の解雇事案
　女性管理職が他の課の男性社員に対し、セクハラをする等の勤務態度不良により業務に著しい支障が生じたとして解雇されたところ、その解雇が有効と判断された事案があります（バイオテック事件＝東京地判平14・11・27労経速1824・20）。
　セクハラ行為としては、「後方から抱きつく」「口を耳元に密着させる」「手を握る」「腕を首にからませる」「ワイシャツにキスをする」「股間を手で触る」「横から体を押し付ける」「キスさせなさいよと言ったりする」「自分の年齢がいくつに見えるかを執拗に尋ねる」「体を触る」といった言動がありました。女性管理職は、会社がセクハラと称する

行為は、社内宴会の1コマにすぎず他の社員らの乱痴気ぶりと比較して、特別な行動はない旨主張しましたが、裁判所はこれを否定しました。

　また、女性管理職は被害者に対し、人事権や管理権、これに類する強い立場を有するなど支配権を有しないから、セクハラには該当しない旨主張しました。しかし、女性管理職は、社員の中では数少ない管理職のうちの一人であり、年長であった上、営業を担当する社員にとっては、営業歩合に関わるクレジット審査の業務を担当していたのであり、支配権がないとは直ちにいえないし、行為態様に照らし、被害者がこれを嫌がっていなかったとはいえないと判断されました。

（2）　日本郵政公社（近畿郵政局）事件

　男性部下が、郵便局内の浴室を利用し、脱衣室で上半身裸で体を乾かしていたところ、女性上司が立ち入り、男性部下に近づき、じろじろ見ながら、「何でお風呂に入っているの」など質問したという事実に基づき、違法なセクハラ行為があったとして、救済の申立てに対し、郵政公社が適切な対応をとらなかったとして、慰謝料10万円の支払が認められた事例があります（大阪地判平16・9・3労判884・56）。

　この事件の控訴審判決では、女性上司の行為について、職務である防犯パトロールの一環であり、礼儀に反する不用意な行動であるとはいえるが、国家賠償法上違法であるとか雇用契約上の義務違反があるとはいえず、セクハラに該当するとの評価は当たらないとして、第一審判決が取り消されました（大阪高判平17・6・7労判908・72）。

Case 3　男性上司が男性部下の交際相手の有無をうわさして回ったり、面白がってボディタッチをした

　男性上司Aは、職場内や取引先との営業先においても、部下の男性社員のことをネタにして、「こいつは彼女がずっといないんだ」とうわさして回っています。また、必要もないのに、部下の男性社員の臀部や股間をタッチして、部下の男性社員のリアクションを見て、おもしろがっています。このような男性上司Aの部下の男性社員に対する言動は、セクハラに該当しないのでしょうか。

専門家の眼

　セクハラ指針においては、セクハラの加害者・被害者それぞれについて、性別は特定されておらず、男性から女性への言動だけではなく、同性同士の言動（男性から男性への言動）もセクハラに該当します。

📌 男性から男性へのセクハラ

　セクハラ指針においては、セクハラの加害者・被害者それぞれについて、性別は特定されていません。セクハラ指針2（1）には、「職場におけるセクシュアルハラスメントには、同性に対するものも含まれるものである。」と明記されています。男女雇用機会均等法施行通達第3・1（3）イ③にも「男性労働者が男性労働者に対して行う場合につ

いても含まれること。」と記されています。

📌 男性を被害者とする性被害

　従来、セクハラの議論は、加害者が男性であり、被害者が女性であるということが典型例でした。刑法においても、長らく、強姦罪については、女性が被害者であることがその構成要件になっていました。その後の法改正で、男性も被害者になり得ることから、「強姦罪」は、「強制性交罪」となり、現在では、「不同意性交罪」(刑177) という罪名となっています。

📌 男性を被害者とするセクハラ事案

　本事例でも、男性上司Aが、部下の性的なうわさ（交際相手の有無等）を社内外に意図的に流布したり、臀部や股間といった性的な身体の部位に必要もなく接触しています。

　男性上司Aは、冗談やコミュニケーションのつもりでしょうが、男性部下にとっては、性的な不快感を与える言動です。平均的な男性労働者の感じ方からすれば、「労働者の意に反する性的言動」であり、「就業環境が害されるもの」として、セクハラに該当するといえます。

　また、「こいつはずっと彼女がいないんだ」というプライベートな事柄を暴露する行為は、パワハラの6類型のうち、個の侵害にも該当する言動です。

　性的なうわさを公然と流布した場合は、名誉毀損罪や侮辱罪に当たるおそれもあります。また、臀部や股間へのボディタッチは、不同意わいせつ罪に当たる行為です。

★ 男性から男性へのセクハラに関する裁判例

　同性間のセクハラ判例として学校法人M学園ほか（大学講師）事件（千葉地松戸支判平28・11・29労判1174・79）があります。これは、男性が男性の臀部を触ったという事案です。

　男子生徒が、その男性講師に対して、にやにやしながら「せんせいー、せんせいー」と幼児っぽい口調で言いながら、授業中男性講師の臀部を触ったと事実認定し、これに対して「男性講師が、男子生徒の行為によって受けた精神的衝撃は、決して小さなものではないと考えられるが、男子生徒はあくまで『ノリ』で行為に及んだもので、男子生徒自身の性欲を刺激興奮させ、又は満足させるという性的意図の下に及んだものとは認めがたく、この意味において、男子生徒の行為の違法性は、さほど強いものではないというべきである。」「加えて、『ノリ』で行為に及んだ男子生徒からすれば、男性講師が提訴するほどまでに精神的苦痛を被るとは予想していなかったことがうかがえる上、男子生徒の年齢等を考慮すると男子生徒がそのような認識を持ったとしてもそれはやむを得ない側面があることも否定できず（なお、これは、男子生徒の行為が法的に許されるということを意味するものではない。）、そういった事情からすれば、男子生徒が男性講師に支払うべき慰謝料の額については、相当因果関係の点からそれほど高い金額を認定することは困難であって、結論としては、10万円が相当である。」と判断しました。

> Case 4　「女の子はお茶くみ」「女性は職場の華」「女性は家にいたほうがいい」「男は仕事が大事」といった発言をした
>
> 職場において、「女の子はお茶くみをしていればよい」「女性は職場の華だ」「子供が小さいうちは母親は働かずに家にいた方がいい」「男は家庭より仕事が大事だ」「男のくせにめそめそするな」というように、性別によって役割分担を決めつける言動や振る舞いをする社員がいます。これは、セクハラに該当しますか。

専門家の眼

　性別の役割分担意識に基づく差別的な言動や嫌がらせは、いわゆる「ジェンダーハラスメント」と言われています。このような言動は、セクハラ指針においては、セクハラの発生の原因や背景になると考えられています。いわゆる人事院規則の運用通知では、性別により役割を分担すべきとする意識に基づく言動が、セクハラに該当するとされています。

★　ジェンダーハラスメント

　ジェンダーハラスメントとは、性別の役割分担意識に基づく差別的嫌がらせのことをいいます。ジェンダーバイアスという言葉もありますが、これは、男女の役割について固定観念や偏見を持つことをいい

ます。ジェンダーハラスメントが発生する背景には、ジェンダーバイアスがあります。そこで、具体的にどのような発言が、ジェンダーハラスメントに該当するか見ていきましょう。

【女性へのジェンダーハラスメント発言例】
　「女性の入れてくれたお茶は美味しい」
　「女の子はお茶くみをしていればよい」
　「女性は職場の華だ」
　「女性は結婚したら仕事をやめるべきだ」
　「子供が小さいうちは母親は家にいるべきだ」
　「女のくせにでしゃばるな」
　「女性は話が長い」

【男性へのジェンダーハラスメント発言例】
　「男なんだから家族を養って一人前」
　「男なら家庭より仕事を優先すべき」
　「男のくせにめそめそするな」
　「男らしくしなさい」
　「男は力仕事してよ」
　「リーダーは男性がするものだ」

📌 セクハラ指針

　ジェンダーハラスメントは、男女雇用機会均等法の定義するセクハラには直ちに該当しないものです。しかし、セクハラ指針4（1）では、「職場におけるセクシュアルハラスメントの原因や背景には、性別役割分担意識に基づく言動もあると考えられ、こうした言動をなくしていくことがセクシュアルハラスメントの防止の効果を高める上で重要

であることに留意することが必要である。」と指摘され、ジェンダーハラスメントが、セクハラの背景や原因になることが指摘されています。

　セクハラ指針4(1)では、事業主の方針等の明確化及びその周知・啓発に関する措置義務の内容の1つとされていることから、ジェンダーハラスメントについても禁止する旨、ハラスメント規定に定めを置いたり、研修等で周知・啓発していくべきでしょう。

📌 人事院規則

　他方、人事院規則10－10は、国家公務員のセクシュアル・ハラスメントの防止等について定められたものですが、その定義する「性的な言動」には、「性別により役割を分担すべきとする意識に基づく言動」も含まれるとされています（人事院規則10－10（セクシュアル・ハラスメントの防止等）の運用について（平10・11・13職福442））。このように、人事院規則では、ジェンダーハラスメントをセクハラの一環として捉えています。

📌 女性（男性）のみに雑務を担わせること

　女性（男性）のみに通常業務に加えて、雑務（お茶くみ、書類のコピー等）を担わせているのであれば、ジェンダーハラスメントとは別途、労働者の配置（業務の配分）に関する性別を理由とする差別の禁止（男女雇用機会均等法6条違反）に当たります。違反行為については、行政の指導や勧告の対象となったり（雇均29）、企業名の公表の対象となったりします（雇均30）。

📌 裁判例では

大学院教授に対するハラスメント等を理由とする解雇の有効性が問題となった国立大学法人群馬大学事件（前橋地判平29・10・4労判1175・71）では、大学院教授が、助教が論文を書かせてくれないことを理由に前任の教授をハラスメントで訴えたとして、「そんなの男としていやらしいじゃないか」「大の男がそんなことをやってちっとは恥ずかしいと思え」などと発言したことについて、判示では、セクハラで違法とまでは認定しなかったものの、「指導者として不適切な発言であったことは否定できない」と述べられています。

第2 言動に関するグレーゾーン

1 雑談・冗談

> **Case 5** 特定の女性社員だけを「ちゃん」付けで呼称したり、指導の対応を変えたりした
>
> 　男性社員は、自分が気に入っている部下の女性社員Aのことを、日常的に「ひなちゃん（女性社員Aの名前）」と呼び、それ以外の女性社員は、「田中さん」とか「山田（苗字の呼び捨て）」と呼称しています。この男性社員は、呼称以外にも、自分が気に入っているか否かで、女性社員に対する指導の対応を変えたりしています。女性社員らは、男性社員のこのような対応にうんざりしています。特定の女性社員だけを「ちゃん」付けで呼称したり、指導の対応を変えることは、セクハラに該当しますか。

専門家の眼

　「ちゃん」付け呼称は、精神障害の労災認定の「業務による心理的負荷表」の具体的出来事中の「セクシュアルハラスメントを受けた」の一例（心理的負荷「弱」の例）としても挙げられています。特定の女性社員にだけ「ちゃん」付け呼称を用いたり、指導の対応を変えることは、環境型セクシュアルハラスメントに該当するおそれがあります。

✦ 「ちゃん」付け呼称がなぜダメなのか

　セクハラ、パワハラ、マタハラ、アカハラ、アルハラ、オワハラ等、さまざまな類型の「いやがらせ」に名称がつけられ、社会問題化しています。
　多数の類型のハラスメントの中でも、マタハラ、パワハラに先んじて、セクハラは、古くから問題とされ、男女雇用機会均等法により、法制化されていました。しかし、いち早く法制化されていたにもかかわらず、なぜ、令和のこの時代になっても、セクハラ問題はなくならないのでしょうか。
　それは、この「ちゃん」付け呼称への意識の差が元凶になっていると考えられます。「ちゃん」付けで呼ぶのは、親しみを込めているんだから許される呼称だろうと考えている方もいるでしょう。
　セクハラとは、「労働者の意に反する性的な言動」といわれていますが、「意に反する」の認識が個人個人によって異なることで、セクハラ問題発生の端緒になっています。

✦ セクハラは誰を基準に判断するのか

　個人個人によって認識が違うとすれば、一体、誰を基準にセクハラ該当性を判断すればよいのでしょうか。
　男女雇用機会均等法施行通達第3・1（3）イ⑥においては、環境型セクハラにいう、「労働者の意に反する性的な言動」及び「就業環境を害される」の判断に当たっては、被害を受けた労働者が女性である場合には『平均的な女性労働者の感じ方』を基準とすることが明記されています。
　繰り返しいやらしい言い方で「ちゃん」付けで呼称されることは、平均的な女性労働者の感じ方からすれば、「意に反する性的言動」であ

り、「就業環境を害されるもの」といえるでしょう。したがって、女性社員Aに対するセクハラが成立すると考えられます。

他方で、それ以外の女性社員らからすれば、呼称を変えられたり、指導の対応を変えられたりしてうんざりしています。他の女性社員の就業環境が害されているともいえますので、これらの者を被害者とする環境型セクシュアルハラスメントとしても問題が顕在化するおそれがあります。

女性社員を職場の人材の一員として考えているのなら、気に入っているか否かにかかわらず、同様の呼称をすべきですし、社会人として、職場内で「ひなちゃん」と言った呼称をすることは不適切です。

📌 精神障害の労災認定基準

そして、実際、「心理的負荷による精神障害の認定基準」(令5・9・1基発0901第2)においては、「『○○ちゃん』等のセクシュアルハラスメントに当たる発言をされた」が、心理的負荷「弱」の具体例として挙げられています。このように厚生労働省の認定基準においても、「○○ちゃん」の呼称は、セクハラに当たる発言であると明記されているのです。

📌 「○○ちゃん」付け呼称は、違法になるのか

さて、とはいえ、「○○ちゃん」と呼称しただけで、多額の慰謝料支払義務が発生するのでしょうか。

裁判例では、セクハラ行為の違法性の判断基準として、「行為の態様、行為者である男性の職務上の地位、年齢、被害女性の年齢、婚姻歴の有無、両者のそれまでの関係、当該言動の行われた場所、その言動の反復・継続性、被害女性の対応等を総合的にみて、それが社会的見地

から不相当とされる程度のものである場合には、性的自由ないし性的自己決定権等の人格権を侵害するものとして、違法となる」（金沢セクシャル・ハラスメント控訴事件＝名古屋高金沢支判平8・10・30労判707・37）と述べられています。

「○○ちゃん」の呼称が1回きりで、呼称された女性側もさほど嫌がっていない場合には、違法とまでは判断されない可能性があります。

ただし、これは、あくまで、裁判になった際に「違法」となるかの判断基準であり、「セクハラ」であるとして、訴えられるリスクは常に存在しています。常に、意識をして、未然に防ぐ必要があります。

裁判例でも、研修後の懇親会において、控訴人が氷かワインを運んできてくれた際に、被控訴人が「ありがとう」に加えて、「Dちゃん可愛いところあるやんか。」、「普段からそうしてや。」などと発言した事案があります（警視セクハラ損害賠償事件＝東京高判令5・9・7労経速2539・3）。上記各発言は、性差別的な一定の価値観を押し付ける内容の発言であって、社会通念上許容される限度を超えているといえることから、上記各発言により不快感を抱いた者に対しては、人格権を違法に侵害するものとして、不法行為が成立するというべきであるとされていますが、「ちゃん」付け呼称のみが違法とされたわけではありません。しかし、この事案からもわかるように、「ちゃん」付け呼称は、性差別的な一定の価値観を押し付ける内容の前提となっています。女性社員を職場で働く対等な仲間として見ているのであれば、軽々しく「ちゃん」付けでは呼称しないはずです。

✦ 男性を「○○（名前）くん」と呼称すること

男性社員が女性社員を「ひなちゃん」のように、名前に「ちゃん」付けで呼称することがセクハラになるとすれば、同様に、女性社員が

気に入った男性社員だけを「○○（名前）くん」と呼称することもセクハラに該当するおそれがあります。これが違法となるかは、上記**「📌 「○○ちゃん」付け呼称は、違法になるのか」**のとおりです。

📌 呼び捨てで呼ぶこと

（１）　ファーストネームで呼び捨て

　男性社員が気に入った女性社員のことを「ひな」というように、ファーストネームで呼称したり、女性社員が気に入った男性社員のことを「太郎」というように名前を呼び捨てにしたりすることも、やはり、セクハラに該当し得る言動です。

　外国では、公的な場であっても、ファーストネームで呼び合うことがありますが、我が国において、平均的な女性労働者あるいは、平均的な男性労働者の感じ方からすれば、職場内で気に入っているか否かどうかで、呼称を変えることは不快に感じても仕方ないことです。親しみを込めて、一部の社員だけをファーストネームで呼称することはセクハラであると言われるリスクを含みます。

（２）　苗字で呼び捨て

　他方、部下のことを苗字で呼び捨てで呼称することはどうでしょうか。これは学校現場で先生が生徒を呼称する際にもあり得ることで、セクハラにはなり得ません。ただ、一人を除いて「〜さん」と呼称しているのに、嫌悪の気持ちから、気に入らない部下だけ「○○（苗字）」と呼び捨てで呼称することは、パワハラ（精神的な攻撃あるいは人間関係からの切り離し）と受け止められるおそれもあります。

　したがって、殊更、一人だけ異なる呼称（苗字で呼び捨て）で呼んだり、本人が嫌がるニックネームをつけて呼んだりすることはリスクのある言動であると認識しておくのがよいでしょう。

第2章 第2 言動に関するグレーゾーン　　　41

> **Case 6** 「太った」「痩せた」という体型に関する発言をした
>
> 　男性上司は、女性社員に対して、「最近、太ったんじゃない？」とか「痩せてきたからきちんと食事をとれよ」と言い、頻繁に、体型のことを話題にします。体調を気遣っているのかもしれませんが、体型をチェックされているようで不快です。このような言動はセクハラに該当しますか。

専門家の眼

　「太った」「痩せた」という体型に関する言動は、体調を気遣う場合には、セクハラには該当しません。しかし、女性社員の体型をチェックし、いやらしい雰囲気で、「太った」「痩せた」と言う場合には、セクハラに該当することもあります。安易に異性の体型について言及することには、注意をする必要があります。

✦ 社員の体調を気遣う言動かセクハラか

　社員の体調を気遣って、「太った」「痩せた」と体型に関して発言することはセクハラには該当しません。しかし、体調を気遣っているか否かは、内心の問題であるため、表面上はわかりません。
　「痩せてきたからきちんと食事をとれよ」との発言は全体として体調を気遣っていることがわかります。しかし、「最近、太ったんじゃない？」との発言は、それだけでは、体調を気遣っているのか、いやら

しい気持ちで発言しているのかわかりません。とくに、「痩せた」より、「太った」と言われた方が、不快感を抱きやすいものです。したがって、内心では、体調を気遣うつもりでも、「最近、太ったんじゃない？」とだけ言われた場合、セクハラであると申告されるリスクが高まります。

　上司として、部下の体調を気遣って、体型に言及する場合には、体調を気遣っているという前提で発言していることを第三者にもわかるようにしないと、誤解を招きます。そして、誰しも、「太った」と言われて、いい気分はしないものですから、職場で業務時間中に、異性の社員に体型に関する発言をすることは避けたほうがよいでしょう。

✦ 「スリーサイズは？」「バストは何カップ？」

　他方で、体型に言及したことそれ自体がセクハラに該当する発言もあります。たとえば、女性社員に対し、「スリーサイズは？」と尋ねることです。これは、バストヒップウェストといった身体でも性的な意味合いが強い部位のサイズを尋ねることですので、「性的な事実関係を尋ねること」（セクハラ指針2（4））に該当し、セクハラといえます。

　「バストは何カップ？」とか「ウェストやヒップは何センチ？」と尋ねることも、身体の性的な意味合いの強い部位のサイズを尋ねることになりますので、「性的な事実関係を尋ねること」に該当し、セクハラといえます。

　「体重は何キロ？」と尋ねることは、「性的な事実関係を尋ねること」には該当しませんが、職場で異性に体重を尋ねることは、社会人のマナーとして問題がある言動ですので控えたほうがよいでしょう。

🖈 裁判例では

　裁判例では、女子学生に対し、男性大学教授が、「子豚」とか「子豚ちゃん」と言ったことが問題となった事案があります（東京高判令3・7・14（令3（ネ）492））。判示では、「現在のわが国において、『豚』や『子豚』との表現が女性に対する肯定的な表現として定着しているとは言えず、むしろ容姿に対する否定的な表現として使用される例が多い」と評価しています。男性教授は「子豚ちゃん」と呼んだことは、性的な含意がないのみならず、繰り返されたものでもないから、大学のハラスメント防止規程所定のセクシュアル・ハラスメントに該当しないとも主張していましたが、判示では「男性の大学教授から複数回にわたり『子豚』ないし『子豚ちゃん』と言われた女子学生の立場に立ってみれば、当該発言をもって、性的な含意を含む言動に当たるか否かはともかく、女性の身体の状況等も含めた尊厳を不当に傷つける社会的に許されない言動と認識したとしても何ら不当ではない」として、男性教授の主張を退けています。当該裁判例では、「子豚」ないし「子豚ちゃん」という発言がセクハラとまでは認定していませんが、不適切な発言であることを前提として評価をしています。

Case 7 「不倫している」とか「交際相手（彼氏・彼女）がいない」といったうわさを流した

「山田さんが田中さんと不倫している」「佐藤は彼女いない歴10年」などという社員のうわさ話を好んでする社員がいます。周囲の社員は、こんな話を聞きたくないので、うんざりしています。この社員の言動はセクハラに該当しますか。

専門家の眼

うわさ話のネタにされた社員を被害者とするセクハラに該当する言動です。また、うわさ話を聞かされ続けることにより、職場環境が害されることとなり、周囲の社員に対するセクハラ（環境型セクシュアルハラスメント）にも該当するおそれがあります。

✒ 性的なうわさを流すこと

セクハラ指針2（4）では、「性的な言動」として、「性的な内容の発言」が挙げられています。そして、「性的な内容の発言」の一例として、「性的な内容の情報を意図的に流布すること」が含まれるとされています。

本事例の「山田さんが田中さんと不倫している」「佐藤は彼女いない歴10年」といううわさ話は、「山田さん」「田中さん」「佐藤」といったそれぞれの人物の性的な内容を意図的に流布することに該当します。したがって、これらの発言は、上記3名それぞれを被害者とするセク

ハラに該当します。

★ 環境型セクシュアルハラスメント

また、職場で性的な情報を意図的に流布することにより、それを否応なしに聞かされる周囲の社員も、うんざりしています。

セクハラ指針2（6）では、「環境型セクシュアルハラスメント」とは、「職場において行われる労働者の意に反する性的な言動により労働者の就業環境が不快なものとなったため、能力の発揮に重大な悪影響が生じる等当該労働者が就業する上で看過できない程度の支障が生じること」と定義されています。

これについて、男女雇用機会均等法施行通達第3・1（3）イ⑤では、上記の定義について、「就業環境が害されることの内容であり、単に性的言動のみでは就業環境が害されたことにはならず、一定の客観的要件が必要であること」とした上で、「具体的には個別の判断となるが、一般的には意に反する身体的接触によって強い精神的苦痛を被る場合には、一回でも就業環境を害することとなり得るものであること。」「また、継続性又は繰り返しが要件となるものであっても、明確に抗議しているにもかかわらず放置された状態の場合又は心身に重大な影響を受けていることが明らかな場合には、就業環境が害されていると解し得るものであること。」と記載されています。

周囲の社員が嫌がっているにもかかわらず、継続的にこのような性的なうわさ話をすることは、周囲の社員を被害者とする環境型セクシュアルハラスメントにも該当するといえます。

★ 名誉毀損罪が成立することも

「山田さんが田中さんと不倫している」といった具体的な事実（真

実の有無に関わらない）を摘示して、公然と他人の名誉を毀損した場合には、名誉毀損罪（刑230①）が成立します。法定刑は、3年以下の懲役・禁錮（令和4年法律67号による刑法改正で、令和7年6月1日以降は拘禁刑となります。）又は50万円以下の罰金です。

　この「公然と」は、不特定又は多数人が知ることのできる状態を意味します。「不倫している」といったことを発言したときに、不特定多数の人が現存していれば公然性を満たしますが、そうでなくとも、A社員に言った次の日に、B社員とC社員に言い、さらに、D社員・E社員と、職場の同僚や部下に次々と同様の発言をし、うわさ話が伝播する可能性がある場合も、公然性を満たすことがあります。

　軽々しい気持ちで、性的なうわさ話をした場合には、セクハラに該当して社内で処分対象になるのみならず、刑事事件に発展することもありますので、注意が必要です。

第2章　第2　言動に関するグレーゾーン　　　47

> **Case 8**　職場をなごませるために、子供じみた下ネタやダジャレを言った
>
> 　男性社員Aは、職場のムードメーカーで、よく言葉をもじったダジャレを言って、周囲をなごませています。ときに、男性器や女性器に似た語感の言葉があればそれを使って、「チンチン○○」などとふざけて大声で言ったりします。幼児や小学生のような子供じみた下ネタやダジャレを言うので、周囲の社員はいちいちリアクションをしないといけないため、仕事の邪魔になっており、業務に専念できない状況になっています。男性社員Aの「下ネタ」を用いたコミュニケーションは、セクハラに該当しますか。

専門家の眼

　環境型セクシュアルハラスメントとは、「労働者の意に反する性的な言動により労働者の就業環境が不快なものとなったため、能力の発揮に重大な悪影響が生じる等その労働者が就業する上で看過できない程度の支障が生じること」をいいます。子供じみた下ネタやダジャレ程度であっても、周囲の社員の邪魔になっており、仕事に専念できない程度に至っていれば、環境型セクハラに該当します。

✈ 下ネタやダジャレによる環境型セクシュアルハラスメント

（1）　環境型セクシュアルハラスメント
　セクハラ指針2（6）によれば、環境型セクシュアルハラスメントとは、「労働者の意に反する性的な言動により労働者の就業環境が不快なものとなったため、能力の発揮に重大な悪影響が生じる等その労働

者が就業する上で看過できない程度の支障が生じること」をいいます。そして、典型例のハとして、「労働者が抗議をしているにもかかわらず、事務所内にヌードポスターを掲示しているため、当該労働者が苦痛に感じて業務に専念できないこと。」などが挙げられています。

（2）　下ネタやダジャレを用いたコミュニケーション

男性社員Aは、「男性器や女性器に似た語感の言葉があればそれを使って、「チンチン○○」などとふざけて大声で言った」というような言動をしています。

男女雇用機会均等法施行通達第3・1（3）イ③には、「性的冗談」「からかい」が「性的な言動」に該当することが明記されています。「下ネタ」や「冗談」であっても、セクハラに該当します。

本事例は身体的接触の事案ではありませんが、「平均的な（男性あるいは女性）労働者の感じ方」（男女雇用機会均等法施行通達第3・1（3）イ⑥）からすれば、男性器に似た語感の言葉をふざけて大声で言うといった言動をすることは、「労働者の意に反する性的言動」であり、実際に、周囲の社員が仕事の邪魔をされ、仕事に専念できない状態となっているのであれば「就業環境が害されるもの」に該当し、セクハラと判断されると考えます。

📌　裁判例では

「下ネタ」に関するセクハラについては、「下ネタ」を言ったことそれ自体がストレートに解雇事由や損害賠償請求の発生原因となっているわけではありませんが、セクハラ発覚のきっかけや加害者の供述の信用性に関する事情として考慮されています。

「下ネタ」くらいという安易な発想をせずに、「下ネタ」がセクハラ発生の土壌となり得ることを認識して、会社は、セクハラ防止対策を行うべきです。

（1）授業評価の中に「下ネタ」の記載があった事例

国公立大学法人の非常勤講師が契約期間満了により雇止めされたことを有効とされた事案（東京地判令5・4・14（令3（ワ）8152））があります。当該事案では、原告非常勤講師が「授業中に性的に不適切、不快な発言に及んだとの指摘が相当数あり、指摘に相当する発言があったものと認めるべき事情を把握するに至った」こと等から「本学の非常勤講師としての適格性に欠けると判断」され、雇止めがなされています。雇止めの契機となったのが、学生による授業評価です。学生から当該非常勤講師の改善すべきと思う点として、「下ネタ多すぎ。女子に変な絡みしすぎ。」旨の記載がありました。

（2）アンケートの中に「下ネタ」の記載があった事例

副支社長の男性から、セクハラ言動を受けた女性社員が損害賠償を求めた事案があります（福岡高判令5・7・20（令5（ネ）157））。

副支社長の男性を雇用する会社は、訴訟において、副支社長が、「あなた彼氏はいるの。女盛りで彼氏もいないなんてもったいない。」、「エッチしたいと思わないの。」と発言したことを否認しました。しかし、被害女性は、副支社長の教育研修を受けた直後、「2人きり〔原文ママ〕下ネタが多過ぎる。初対面なのにかかわらず個人のプライベートを聞いてくる。」などと相談していたこと、入社した直後の研修についての記憶が鮮明であり、あえて副支社長の発言につき虚偽の申告をする動機は見当たらないことに加えて、副支社長が、「下ネタは罪にならない」との認識を示していたこと、被害女性以外の社員も、「色々なセクハラ・パワハラを受けて」きた旨、「警備会社という男性がまだ圧倒的に多い社内で、女性が声を上げても逆にこちらに非のあるような心ないことを言われて」きた旨をコンプライアンスアンケートに記載していること等、副支社長を雇用する会社には、社員の性的言動について比較的寛容な土壌があったことも考慮すると、副支社長において、上記発言があったと認定することができるとされました。

Case 9

年輩の社員に対し、親しみを込めて、「ばばあ」「じじい」「おばさん」「おっさん（おじさん）」「おやじ」「はげ」などと年齢を揶揄するような呼び方をした

　職場内で、年輩の契約社員らに対して、親しみを込めて、「ばばあ」「じじい」「おばさん」「おっさん（おじさん）」「おやじ」「はげ」などと年齢を揶揄するような呼び方をする正社員がいます。年輩の契約社員らは、正社員に遠慮していて、内心は嫌がっているのに、返事をしています。正社員が、このような呼称を使用することはセクハラに該当しますか。

専門家の眼

　セクハラとは、「労働者の意に反する性的な言動」であると定義されます。この「意に反する」は明示的に拒否や拒絶の態度を示している場合に限られません。行為者にとっては親しみを込めた呼称であっても、セクハラに該当するおそれのある言動です。男性から女性への言動だけではなく、女性から男性への言動、同性同士の言動もセクハラに該当します。

★ 年齢を揶揄するような呼称を使用する

（1）　セクハラに該当するか

　年輩の社員に対し、職場での呼称として、「ばばあ」「じじい」「おば

さん」「おっさん（おじさん）」「おやじ」「はげ」等の年齢を揶揄するような呼び方をすることは、「平均的な（女性あるいは男性）労働者の感じ方」（男女雇用機会均等法施行通達第3・1（3）イ⑥）からすれば、「労働者の意に反する性的な言動」であるといえます。このような言動が執拗になされれば、「就業環境を害される」ものといえ、セクハラに該当するおそれのある言動です。

（2）　セクハラに該当しなくとも

本事例のような呼び方がセクハラに該当しないとしても、職場において、年長の社員を「ばばあ」「じじい」等と呼ぶことは、侮辱的な言動であり、不適切です。就業規則の服務規律等に、「侮辱的な言動」とか「職場秩序を害する言動」を禁じる規定があれば、その規定に違反する言動といえ、懲戒処分の対象となるおそれもあります。

✈ 裁判例では

年齢を揶揄するような言動が問題となった裁判例は多数あります。

（1）　和歌山青果卸売会社事件（和歌山地判平10・3・11判夕988・239）

会社の専務らが女性社員に対し、「おばん、ばばあ、くそばば」などと侮蔑的な呼称で呼び、性器付近、胸、尻等を何回も触り、性的に露骨な表現を用いてからかい、暴行を働くなどをしたことが、人格権を侵害する不法行為であると判断されました。判示では、「おばん」という呼称は侮蔑的な呼称であると言わざるを得ないのであって、「ばばあ、くそばば」という呼び方に至っては卑しめる呼称以外の何ものでもないとも述べられています。

（2）　東京地裁令和5年2月28日判決事件（令2（ワ）28321、令2（ワ）28904、令4（ワ）7985）

解雇された米国人の男性社員が、女性スタッフに対し、「Old bag（バ

バア）」「Not cute（かわいくない）」等といった発言を繰り返していたことについて、裁判所は、かかる発言が言語として相手を侮蔑し又は差別する意味を有することは社会通念上明らかであると判断しましたが、多くの従業員が原告の発言を冗談と捉え、不快にも感じていなかった従業員が少なからずいたものと認められることからすると、相手を侮蔑し又は差別する意図・文脈で上記のような発言をしていたものとは認められず、少なくとも、上記発言が本件解雇の客観的合理性・社会的相当性を基礎付ける事由に当たるとはいえないと判示しました。

（3）　L館事件（最判平27・2・26労判1109・5）

セクハラ行為による処分の相当性が最高裁まで争われた著名な事案として、L館事件があります。この事案では、水族館等の経営等を目的とする会社の男性社員2名が、複数の女性に対して性的な発言等のセクハラ行為をしたことが問題となりました。

そのうち1人のセクハラ行為として、「30歳は、二十二、三歳の子から見たら、おばさんやで。」「もうお局さんやで。怖がられてるんちゃうん。」と言ったこと、が挙げられています。

（4）　「ハゲ」と呼ぶこと

2022年5月、イギリスの雇用審判所が、男性の薄毛を「ハゲ」と侮辱したことが、性別に関連するハラスメントに当たると認定したとの報道がなされました。日本でも、男性が「ハゲ」と呼ばれることは、意に反する性的な言動と解されることから、セクハラに該当すると考えられます。

第2章 第2 言動に関するグレーゾーン　　　53

> **Case 10** 自らの男女交際の遍歴や夫婦関係のこと、不貞相手との関係や体験談を話した
>
> 聞かれてもいないのに、自分の男女交際の遍歴や夫婦関係のこと、さらには、不貞相手との性的な関係の自慢話をする上司がいます。部下らは、上司に気遣って、表面上は、「もてますね」などと言っていますが、かなり不快に感じています。上司の言動は、セクハラに該当しますか。

専門家の眼

　自らの性的体験談を話すことはセクハラに該当します。部下らが、「もてますね」などと上司に迎合的な言動をしたとしても、セクハラに該当しないと即断してはいけません。

✒ 性的体験談を話すこと

　セクハラ指針2（4）では、職場におけるセクシュアルハラスメントにいう「性的な言動」として、「性的な内容の発言」が挙げられています。そして、男女雇用機会均等法施行通達第3・1（3）イ③では、「性的な言動」のうち、「性的な発言」（イ）として、「個人的な性的体験談を話すこと」が挙げられています。

　本事例のように、聞かれてもいないのに、自分の男女交際の経験や夫婦関係のこと、不貞相手との性的な関係の自慢話をすることは、「個人的な性的体験談を話すこと」に該当します。

そして、平均的な女性（男性）労働者の感じ方を基準にすれば、このような自慢話を聞かされることは、部下らの意に反する性的な言動といえ、部下らの就業環境を害される程度の言動といえます。

📌 迎合的な言動

部下らは、「もてますね」と言って、上司を気遣って迎合的な言動をしています。

しかし、男女雇用機会均等法施行通達第3・1(3)ハ③においては、「相談者が行為者に対して、迎合的な言動を行っていたとしても、その事実が必ずしもセクシュアルハラスメントを受けたことを単純に否定する理由にはならないことに留意すること」とされています。「もてますね」と言われたとしても、部下らが、上司の自慢話を受け入れて興味深く聞いていると即断して、セクハラ該当性を単純に否定してはいけません。

📌 裁判例では

(1) L館事件（最判平27・2・26労判1109・5）

セクハラ行為による処分の相当性が最高裁まで争われた著名な事案として、L館事件があります。この事案では、水族館等の経営等を目的とする会社の男性社員2名が、複数の女性に対して性的な発言等のセクハラ行為をしたことが問題となりました。

そのうち一人のセクハラ行為として、①不貞相手の年齢（20代や30代）や職業（主婦や看護師等）の話や不貞相手とその夫との間の性生活の話をしたこと、②「俺のん、でかくて太いらしいねん。やっぱり若い子はその方がいいんかなあ。」と言ったこと、③「夫婦間はもう何年もセックスレスやねん。」「でも俺の性欲は年々増すねん。なんでや

ろうな。」「でも家庭サービスはきちんとやってるねん。切替えはしてるから。」と言ったこと、④不貞相手の話をした後「こんな話をできるのも、あとちょっとやな。寂しくなるわ。」などと言ったこと、⑤不貞相手が自動車で迎えに来ていたという話をする中で、「この前、カー何々してん。」と言い、従業員Aに「何々」のところをわざと言わせようとするように話を持ちかけたこと、⑥不貞相手からの「旦那にメールを見られた。」との内容の携帯電話のメールを見せたこと、⑦不貞相手と推測できる女性の写真をしばしば見せたこと、⑧水族館の女性客について、「今日のお母さんよかったわ…。」「かがんで中見えたんラッキー。」「好みの人がいたなあ。」などと言ったこと、が挙げられています。

（2） 医療法人社団A事件（原審：横浜地判令3・10・28労経速2475・26、控訴審：東京高判令4・5・31労経速2491・40）

医療法人の職員が、複数の女性職員の身体に触れ、性的な発言をするなどのセクハラをしたことを理由になされた解雇の有効性を争ったが、解雇が有効として請求が棄却された事例があります。

当該職員のセクハラ行為の中に、別の職員の送別会にて、某女性職員に対し、「僕はXXさん（退職した職員）をすごく好きだった。好きはセックスをしたいという意味ではないよ。」と述べた上、「僕が初めてセックスしたのは〇〇歳だったんだよ。男はすぐにセックスをしたくなるから。」等と自身の性体験を語ったことが挙げられています。

判示では、仕事と関わりなく、自己の性的体験を露骨な性的表現を用いて語ったり…することが、一般的に不快であることは明らかであり、セクハラ行為に当たることはいうまでもないとされています。

> Case 11 女性（男性）社員に対し、「男性（女性）社員の中で誰が好みのタイプか」と問いただし、異性の社員の品定めを強いた
>
> 男性社員が、職場において、女性社員に対し、「男性社員の中で誰が好みのタイプか」とか「誰と結婚したいか」「誰がかっこいいと思うか」と問いただし、女性社員が回答をするまで、しつこく質問をすることは、セクハラに該当しますか。

専門家の眼

　行為者にとっては冗談のつもりの質問でも、その内容や質問の仕方から、「労働者の意に反する性的な言動」として、セクハラに該当することがあります。また、異性の社員を恋愛対象であると決めつける質問は、性的少数者（LGBT等）の方への配慮が足りない言動です。

★ 「好みのタイプ」を尋ねたり、異性の社員の品定めを強いること

（1）　異性間の会話であれば

　親しい友人同士で、「誰が好きか」「好みのタイプは」「〜さんはかっこいいと思うか」といった会話は、社会人になる以前の学生、もっと幼少期からもなされるよく見られる会話です。しかし、これが職場において行われたらどうでしょう。しかも、女性社員が回答するまで、しつこく質問をし続けるのは許されることでしょうか。

例えば、本事例の男性社員と女性社員が親しい間柄で、お互いに、異性の好みのタイプを言い合ったりして和気あいあいと会話を楽しむ場面であれば、セクハラには該当しません。
　しかし、男性社員が一方的に女性社員に質問を投げ掛け、回答するまでしつこく異性の社員の品定めを強いるような場合には、「平均的な女性労働者の感じ方」（男女雇用機会均等法施行通達第３・１（３）イ⑥）からすれば、「労働者の意に反する性的な言動」で「就業環境を害される」ものといえますので、セクハラに該当します。男女雇用機会均等法施行通達第３・１（３）イ③にも、「性的な事実関係を尋ねること」、「性的冗談」、「からかい」が「性的な言動」に該当することが明記されています。
　また、好みのタイプや誰がかっこいいと思うかということは、内心の自由であり、その回答を強制されるべきものではありません。
　本事例の男性社員（加害者）と女性社員（被害者）の性別が入れ替わった場合でも、セクハラに該当することには変わりありません。また、加害者と被害者が、同性同士であっても、好みのタイプや誰がかっこいいかを回答するまで執拗に尋ねることは、セクハラに該当します（セクハラ指針２（１）「職場におけるセクシュアルハラスメントには、同性に対するものも含まれるものである。」）。
（２）　性的少数者（LGBT等）の方への配慮も欠けている
　本事例では、男性社員は、女性社員の性的指向が異性愛（異性を恋愛の対象と見ること）であり、かつ、性自認（自分自身の性別の認識）が女性であるとの前提で質問をしています。
　仮に、女性社員の性的指向が異性愛ではなかったり（同性愛や無性愛の方であったり）、性自認が男性であったりすることも十分に考えられます。そして、性自認と恋愛対象の性別は決してリンクするものではないことからも、男性社員の質問は、このような性的少数者

(LGBT等)の方への配慮が足りない言動をしています。

セクハラ指針2(1)には、「被害を受けた者(以下「被害者」という。)の性的指向又は性自認にかかわらず、当該者に対する職場におけるセクシュアルハラスメントも、本指針の対象となるものである。」と明記されています。

女性社員の性的指向や性自認は、男性社員には認識し得ないものですが、性的少数者(LGBT等)の方への配慮が足りないという点でも、不適切な言動です。

📌 裁判例では

(1) L館事件(最判平27・2・26労判1109・5)

セクハラ言動により、管理職の男性社員らの懲戒処分の有効性が争われたL館事件では、管理職の男性が、女性労働者ら(派遣社員と請負会社の従業員)に対し、具体的な男性従業員の名前を複数挙げて、「この中で誰か1人と絶対結婚しなあかんとしたら、誰を選ぶ。」「地球に2人しかいなかったらどうする。」と聞いたこと等について、最高裁は、「女性従業員に対して強い不快感や嫌悪感ないし屈辱感等を与えるもので、職場における女性従業員に対する言動として極めて不適切なものであって、その執務環境を著しく害するものであったというべきであり、当該従業員らの就業意欲の低下や能力発揮の阻害を招来するものといえる。」と判示しました。

(2) Y社(セクハラ・懲戒解雇)事件(東京地判平21・4・24労判987・48)

被告会社の支店長兼取締役であった原告男性が、社員旅行の宴会席上等でセクハラを行ったことなどを理由として、懲戒解雇されたことが無効であると争った事件です。

原告男性は、宴会が終了した後で、通り掛かった女性社員を呼び止めて、若手男性社員らと合計男性6名で取り囲み、周りにいた若手男性社員を指して、「この中で好みの男性は誰か」と質問しました。これに対して、女性社員が言葉を濁していると、原告男性は、「俺は金も地位もあるがどうか」という趣旨の発言し、女性社員は返事をすることができなかったものの、最後には、「ノーコメントです」と言いました。女性社員は、その場を逃れようとして、宴会の幹事に声を掛けたところ、幹事は、「帰ろう」と助け船を出してくれたものの、その幹事に対して、原告男性は、「ババアは関係ない。帰れ」という旨の発言をしました。そして、原告男性は、逃れようと席を立った女性社員に対して「誰がタイプか。これだけ男がいるのに、答えないのであれば犯すぞ」という趣旨の発言をしました。
　この男性原告は、これ以外にもセクハラ言動をしており、被告会社に懲戒解雇されたものです。判決では、懲戒解雇処分は重きに失するもので無効であると判断されましたが、原告男性の上記言動が違法なセクハラ行為であることは明らかであり、裁判所もそのように認定しています。

> **Case 12** 部下にわざと卑猥に聞こえるような発言をさせるように仕向けて面白がった
>
> 　男性上司は、部下らに対し、聞こえないふりをして、わざと卑猥に聞こえるような発言をさせるように仕向けて、面白がっています。例えば、女性部下に対しては、パンツルックをしている女性部下にズボンではなくあえて下着のアクセントを用いて「パンツ」と言わせたりし、女性部下が言いにくそうにしているのを見て面白がっています。そのため、女性社員らは、男性上司を避けるようにして、業務を行っています。このような男性上司の言動はセクハラに該当しますか。

専門家の眼

　男女雇用機会均等法施行通達では、「性的な事実関係を尋ねること」「性的冗談」「からかい」が「性的な言動」に該当することが明記されています。行為者にとっては冗談のつもりでも、わざと卑猥な言葉を発言させることは、セクハラに該当します。男性から女性への言動だけではなく、同性同士の言動もセクハラに該当します。

📌 卑猥な言葉を言わせること

（1）　環境型セクシュアルハラスメント
　セクハラ指針2（6）によれば、環境型セクシュアルハラスメントとは、「労働者の意に反する性的な言動により労働者の就業環境が不快

なものとなったため、能力の発揮に重大な悪影響が生じる等その労働者が就業する上で看過できない程度の支障が生じること」をいいます。

（2）　コミュニケーション・冗談とセクハラの違い

男性社員は、部下らに対し、卑猥な言葉を発言することを強いています。男女雇用機会均等法施行通達第3・1（3）イ⑤においては、「単に性的言動のみでは就業環境が害されたことにはならず、一定の客観的要件が必要であること。具体的には個別の判断となるが、一般的には意に反する身体的接触によって強い精神的苦痛を被る場合には、一回でも就業環境を害することとなり得るものであること。また、継続性又は繰り返しが要件となるものであっても、明確に抗議しているにもかかわらず放置された状態の場合又は心身に重大な影響を受けていることが明らかな場合には、就業環境が害されていると解し得るものであること。」が示されています。

本事例は身体的接触の事案ではありませんが、「平均的な（男性あるいは女性）労働者の感じ方」（男女雇用機会均等法施行通達第3・1（3）イ⑥）からすれば、下着の意味での「パンツ」など、およそ、他人の前で発言したくないことを言わせようと強いていますので、「労働者の意に反する性的な言動」であり、実際に、周囲の社員が男性上司を避けており業務に支障が生じている状態であれば、「就業環境が害されるもの」に該当し、セクハラと判断されると考えます。

なお、男女雇用機会均等法施行通達第3・1（3）イ③にも、「性的冗談」「からかい」が「性的な発言」として、「性的な言動」に該当することが明記されています。

✈ 裁判例では

セクハラ行為による処分の相当性が最高裁まで争われた著名な事案

として、L館事件（最判平27・2・26労判1109・5）があります。この事案では、水族館等の経営等を目的とする会社の男性社員2名が、複数の女性に対して性的な発言等のセクハラ行為をしたことが問題となりました。そのうち1人のセクハラ行為として、不貞相手が自動車で迎えに来ていたという話をする中で、「この前、カー何々してん。」と言い、従業員Aに「何々」のところをわざと言わせようとするように話を持ちかけたことが挙げられています。

　このように、行為者自身が卑猥な発言をするのではなく、相手方にそのような発言をさせることもセクハラに該当します。

第2章　第2　言動に関するグレーゾーン　　　63

> **Case 13**　女性上司が女性部下に対し「そんなにイライラして、生理中？」「更年期は嫌だね」などと口に出して指摘した
>
> 　女性上司は、女性部下らに指導する際、「そんなにイライラして、生理中？」「更年期は嫌だね」などと口に出して指摘します。女性部下らは、この言動にうんざりしています。女性上司の発言はセクハラに該当しますか。

専門家の眼

　「生理」や「更年期」といった、女性社員の生理的現象や体調を話題にして揶揄することはセクハラに該当するおそれがあります。優越的な関係を背景として発言した場合には、パワハラ（個の侵害）に該当するおそれもあります。

★ 女性の生理的現象や体調の揶揄

　「生理」や「更年期」といった生理的現象や体調に関する事柄は、「平均的な女性労働者の感じ方」（男女雇用機会均等法施行通達第3・1（3）イ⑥）を基準とすれば、他人に知られたくない情報であり、これを女性上司が、指導する度に口に出して揶揄した場合には、「労働者の意に反する性的な言動」であり、「就業環境を害される」ものといえます。
　しかも、女性上司は、「イライラ」の原因が「生理」であると決めつけたり、「更年期は嫌だ」といった否定的な評価も加えて揶揄していま

す。他人に知られたくない情報を暴露するばかりか、女性の生理的現象や体調に関する事柄を茶化すような言動をしているので、デリカシーのないセクハラ発言といえます。

　なお、女性同士であっても、セクハラは成立します（男女雇用機会均等法施行通達第3・1（3）イ③）。

📌 パワハラ（個の侵害）

　本事例は、女性上司から女性部下に対する発言ですので、優越的な関係を背景として、パワハラ該当性も問題となります。

　パワハラ指針2（7）ヘ（イ）②では、「個の侵害」に該当する例として、「労働者の性的指向・性自認や病歴、不妊治療等の機微な個人情報について、当該労働者の了解を得ずに他の労働者に暴露すること」が挙げられています。業務上の必要もなく、部下の体調に関する事柄を詮索し、口に出して暴露することは、個の侵害として、パワハラにも該当します。

📌 人事院規則では

　人事院規則は、人事院が国家公務員の働くためのルールを定めたものです。セクハラに関しては、「人事院規則10―10（セクシュアル・ハラスメントの防止等）の運用について」（平10・11・13職福442）の「別紙第1　セクシュアル・ハラスメントをなくするために職員が認識すべき事項についての指針」に詳細な定めがあります。

　すなわち、「3　セクシュアル・ハラスメントになり得る言動」として、以下のような記載があります。

　一　職場内外で起きやすいもの

> （1） 性的な内容の発言関係
>   ア　性的な関心、欲求に基づくもの
>   ①　スリーサイズを聞くなど身体的特徴を話題にすること。
>   ②　聞くに耐えない卑猥な冗談を交わすこと。
>   ③　体調が悪そうな女性に「今日は生理日か」、「もう更年期か」などと言うこと。
>   ④　性的な経験や性生活について質問すること。
>   ⑤　性的な噂を立てたり、性的なからかいの対象とすること。

　人事院規則では、「そんなにイライラして、生理中か？」とか「更年期は嫌だね」と揶揄するまでもなく、「生理日か」「更年期か」と端的に事実を尋ねることも性的な内容の発言として、セクハラになり得る言動の一例とされていることが参考になります。

✈ 裁判例では

　医療法人の職員が、複数の女性職員の身体に触れ、性的な発言をするなどのセクハラをしたことを理由になされた解雇の有効性を争ったが、解雇が有効として請求が棄却された事例があります（医療法人A社団事件＝原審：横浜地判令3・10・28労経速2475・26、控訴審：東京高判令4・5・31労経速2491・40）。当該職員のセクハラ行為の中に、「女性職員が貧血で体調が悪い時に、『しんどいの？生理？』と尋ねることが複数回あった」ことが挙げられています。

　判示では、仕事と関わりなく、自己の性的体験を露骨な性的表現を用いて語ったり、女性職員に対し「生理か」「彼氏はいるのか」「結婚を考えているのか」などと個人的かつ性的な関心を示す発言をしたりすることが一般的に不快であることは明らかであり、セクハラ行為に当たることはいうまでもないと記されています。

Case 14　採用担当が就活中の学生をデートに誘ったり、交際相手の有無を尋ねた

採用担当の男性社員（いわゆるリクルーター）が、就職活動中で、会社に応募してきた女子学生に対し、食事やデートに誘ったり、二人きりの食事の場で、「彼氏いるの？」などと執拗に聞いたりしたことが分かりました。就活中の女子学生は、当社の社員ではありませんが、セクハラへの対応はどのようにすべきでしょうか。

専門家の眼

セクハラ指針では、求職者に対する言動についても言及があり、また、求職者からセクハラ相談があった場合の努力義務についても記載がなされています。各社のハラスメント規定においては、厚生労働省のひな形を参考にして、求職者に対する言動もセクハラに該当すると定めているところも多いと考えられます。安定的な人材の確保のためにも、就活中のセクハラも社内のセクハラと同様に対策をすべきです。なお、就活セクハラ防止義務の法整備がなされるとの報道があります。

就活中のセクハラの実態

（1）　就活中のセクハラの被害者

令和6年3月に発表された令和5年度厚生労働省委託事業「職場のハラスメントに関する実態調査報告書」（PwCコンサルティング合同会社、

234頁）によると、2020〜2022年度卒業で就職活動（転職を除く）又はインターンシップを経験した男女の中で、就活等セクハラを一度以上受けたと回答した者の割合は、約3人に1人でした。男女別でみると、経験したと回答した割合は男性の方が女性より高かったと報告されています。

（2） 就活中のセクハラの内容

受けたセクハラの内容としては、「性的な冗談やからかい」「食事やデートへの執拗な誘い」「性的な事実関係に関する質問」「性的な内容の情報の流布」「性的な言動に対して拒否・抵抗したことによる不利益な取扱い（採用差別、内定取消し等）」などが挙げられています。

（3） 就活中にセクハラを受けた場面

セクハラを受けた場面としては、「リクルーターと会ったとき」「企業説明会やセミナーに参加したとき」「内々定を受けたとき」「大学のOB／OG訪問のとき」「SNSや就活マッチングアプリを通じて志望先企業の従業員とやりとりや相談等を行っていたとき」「志望先企業の従業員との酒宴の場」などが挙げられています。

（4） 就活中のセクハラの行為者

そして、セクハラの行為者としては、「インターン先で知り合った従業員」「採用面接担当者」「企業説明会の担当者」「学校・研究室等へ訪問した従業員、リクルーター」「志望先企業の役員」などが挙げられています。

（5） 実態を参考とした予防策を

このような実態を参考として、会社は、就活中のセクハラが起こりやすい場面を想定して、対応する従業員の研修を徹底するなどして、防止対策をすべきです。

就活中のセクハラに関するセクハラ指針

（1） セクハラ指針が示す会社の義務内容

セクハラ指針3（1）においては、「事業主は、職場におけるセクシュアルハラスメントを行ってはならないことその他職場におけるセクシュアルハラスメントに起因する問題（以下「セクシュアルハラスメント問題」という。）に対するその雇用する労働者の関心と理解を深めるとともに、当該労働者が他の労働者（他の事業主が雇用する労働者及び求職者を含む。…）に対する言動に必要な注意を払うよう、研修の実施その他の必要な配慮をするほか、国の講ずる…広報活動、啓発活動その他の措置に協力するように努めなければならない。」また、「事業主（その者が法人である場合にあっては、その役員）は、自らも、セクシュアルハラスメント問題に対する関心と理解を深め、労働者（他の事業主が雇用する労働者及び求職者を含む。）に対する言動に必要な注意を払うように努めなければならない。」として、事業主の責務の対象として、「求職者」が含まれることが明記されています。

（2） 望ましい取組の内容として

また、セクハラ指針7には、「（セクハラ指針）3の事業主及び労働者の責務の趣旨に鑑みれば、事業主は、当該事業主が雇用する労働者が、他の労働者（他の事業主が雇用する労働者及び求職者を含む。）のみならず、個人事業主、インターンシップを行っている者等の労働者以外の者に対する言動についても必要な注意を払うよう配慮するとともに、事業主（その者が法人である場合にあっては、その役員）自らと労働者も、労働者以外の者に対する言動について必要な注意を払うよう努めることが望ましい。こうした責務の趣旨も踏まえ、事業主は、4（1）イの職場におけるセクシュアルハラスメントを行ってはならない旨の方針の明確化等を行う際に、当該事業主が雇用する労働者以外

の者（他の事業主が雇用する労働者、就職活動中の学生等の求職者及び労働者以外の者）に対する言動についても、同様の方針を併せて示すことが望ましい。また、これらの者から職場におけるセクシュアルハラスメントに類すると考えられる相談があった場合には、その内容を踏まえて、4の措置も参考にしつつ、必要に応じて適切な対応を行うように努めることが望ましい。」として、事業主が求職者に対して取ることが望ましい取組の内容が記載されています。

パワハラ指針にも同趣旨の記載がありますので、就活パワハラも含めて、就活ハラスメントを防止するような対策を講じることが望ましいといえます。

★ 具体的な対応はどうすればよいか

上記のような指針の内容を踏まえて、就活ハラスメントを防止するための具体的な対応としては、以下のようなことが考えられます。

① 社員（特に採用担当者）に対し、就活ハラスメントを禁止する方針を明確にすること
② 就活ハラスメントを行った場合には、その行為者を処分するハラスメント規定や懲戒規定を整備して、周知すること
③ 社員（特に採用担当者）に、ハラスメント防止研修を実施すること
④ 求職者と接する採用担当者を複数名とすること
⑤ 就活ハラスメントを相談する窓口を設け、周知すること

★ 厚生労働省のリーフレット

厚生労働省のホームページでは、
「就活ハラスメント防止対策企業事例集～学生を守り、企業を守る。

10社の取り組み」
　「就活ハラスメント対策リーフレット　さあっ、進もう！ハラスメントのないあかるい社会へ」
という二つの分かりやすいリーフレットが公開されており、企業の具体的な取組や男女雇用機会均等法に定められた内容が分かりやすく解説・報告されていますので、具体的な対応の参考になります。

📌 就活セクハラ防止義務、法整備へ

　令和6年10月21日、厚生労働省の労働政策審議会において、就職活動中の学生らに対するセクハラについて、企業に対策を義務付ける法整備をすることで大筋合意したとの報道がなされました。令和7年の通常国会に、関連法の改正案の提出を目指すとの報道もあります。

2　業務上の発言等

> **Case 15**　露出が多い服装をしている女性社員について、男性社員から苦情が寄せられたため、その服装を注意した
>
> 　男性上司は、女性部下が、職場にミニスカートや肌の露出が多いノースリーブの服を着用してくるので、その注意の仕方に頭を悩ませていました。他の男性社員から「目のやり場に困る」との苦情も寄せられました。男性上司は、女性部下を注意するために呼び出し、「短いスカートとノースリーブの服をよく着ているが、男性社員が目のやり場に困るので、服装に気を付けてくれないか」と注意をしました。女性部下は、これを聞いて、逆に「私の肌をじろじろ見る方がセクハラです」と言い返しました。男性上司の言動と女性部下の服装どちらがセクハラになるでしょうか。

⬇

専門家の眼

1　女性部下は下着で通勤しているわけでもなく、服装も自由ですから、露出が多い服装をしてもセクハラには該当しません。ただ、服装に加えて、卑猥な言動等が付け加わった場合には、セクハラに該当するおそれもあります。
2　服装を注意する男性上司の言動も、「服装に気を付けてくれないか」という正当な業務上の注意であり、セクハラには該当しません。ただ、注意の仕方や内容によっては、セクハラであるとの誤解を与

えるおそれがあります。

📌 露出の多い服装をすること

（1） 平均的な男性労働者の感じ方

女性部下が、「ミニスカートや肌の露出が多いノースリーブの服」を着用しています。これが、「労働者の意に反する性的な言動」に該当するかが問題となります。

男性社員からは、「目のやり場に困る」という苦情も寄せられていますが、社内に服装の厳密なルールもなく、他方で、女性社員の服装の自由も尊重されなければなりません。ミニスカートや肌の露出の多いノースリーブの服程度であれば、下着で通勤しているわけでもないので、「平均的な男性労働者の感じ方」（男女雇用機会均等法施行通達第3・1（3）イ⑥）からすれば、セクハラであるとまでは言い難いところです。

（2） 裁判例では

男性社員が、歓迎会二次会のカラオケ店において、自己のズボンのベルトを緩めてボタンを外し、チャックを下げ、自然にズボンが脱げる状態にして歌に合わせて踊ったために、複数回にわたり、足の付け根辺りまでズボンがずり落ち、自己の着用していたステテコを露出させたという行為がセクハラであると認定された裁判例があります（警視セクハラ損害賠償事件＝東京高判令5・9・7労経速2539・3）。

「ステテコ」という下着を露出させたのみならず、卑猥な動作を複数回行ったことも相まってセクハラ行為であると認定されているものです。

本事例の女性部下も、ミニスカートやノースリーブの服装に加え、腰をくねらすといった卑猥な言動が付け加えられた場合には、セクハ

ラであると認定されるおそれもあります。

📌 服装に対する注意がセクハラになるか

　他方で、男性上司の注意ですが、男性社員からの苦情を受けて、「短いスカートとノースリーブの服をよく着ているが、男性社員が目のやり場に困るので、服装に気を付けてくれないか。」という程度で、かかる発言に性的な言動は見られず、正当な業務上の注意といえるでしょう。

　ただ、例えば、「僕は、君のことをかわいくて肌もきれいだと思っているんだけど、苦情が来てるから、ミニスカートを履くのはやめてくれないか。」というように、「かわいい」「肌もきれいだ」とか主観的な言葉を付け加えた場合には、いくら服装の注意とはいえ、性的な意味合いが強まります。注意された女性社員からも、「自分の身体を見られているのではないか」との誤解を与えかねません。

　異性の上司が、異性の部下へ服装の注意をすることは、気を遣うものです。社内に「身だしなみ規定」や「服装に関するマニュアル」があれば、それらを見ながら注意をするとか、同性の上司や同僚から、やんわりと注意してもらい気付きを与えるといった方法も有用です。

📌 単なる興味本位での服装への言及

　なお、男性上司が女性部下に単なる興味本位で
① 　スカートの下に「何か履いているのか」と尋ねる
② 　襟ぐりが広いシャツの隙間から胸元が見えそうな状態をのぞき込む
③ 　スカートから靴までの間で足の露出している部分をじろじろ見る
といった言動は、服装への指導や注意とは到底いえませんので、セクハラに該当するおそれのある言動です。

Case 16　セクハラ研修後に、研修の内容を茶化すような不真面目な言動をした

　当社では、外部講師を招いて、セクハラ研修を行っています。セクハラ研修を受講した２名の男性管理職は、女性社員らに聞こえるように、「あんなこと言ってたら、女の子と話せなくなる」「セクハラなんて言われる奴は、女の子に嫌われているに違いない」「俺達は下ネタを言っても、嫌われていないから大丈夫」と大声でセクハラ研修の内容を茶化すような話をしていました。これを聞いていた女性社員らは、せっかくセクハラ研修を受講したのに、男性管理職らには何の効果もないのだとがっかりしてしまいました。男性管理職らの言動はセクハラに該当しますか。

専門家の眼

　セクハラ研修後の不真面目な言動がストレートにセクハラであるとは断定できませんが、セクハラ事案として著名なL館事件の最高裁判決の別紙においては、男性管理職が、セクハラに関する研修を受けた後、「あんなん言ってたら女の子としゃべられへんよなあ。」「あんなん言われる奴は女の子に嫌われているんや。」という趣旨の発言をしたことが、懲戒処分の対象として明記されています。

★　セクハラ研修を実施することは措置義務履行の一例

　男女雇用機会均等法11条に定められたセクハラに関する措置義務については、その具体的な内容がセクハラ指針４に記載されています。

セクハラ指針4においては、「(1) 事業主の方針等の明確化及びその周知・啓発」として、「イ　職場におけるセクシュアルハラスメントの内容及び職場におけるセクシュアルハラスメントを行ってはならない旨の方針を明確化し、管理監督者を含む労働者に周知・啓発すること。」を挙げています。そして、「③　職場におけるセクシュアルハラスメントの内容及び性別役割分担意識に基づく言動がセクシュアルハラスメントの発生の原因や背景となり得ること並びに職場におけるセクシュアルハラスメントを行ってはならない旨の方針を労働者に対して周知・啓発するための研修、講習等を実施すること。」と記載され、セクハラ研修や講習を実施することが、措置義務の履行の一例として挙げられています。これに基づき各企業では、社内においてセクハラ（ハラスメント）研修を行っているわけです。

✈ 研修後の管理職の言動

　本事例では、セクハラ研修後に、男性管理職らが、セクハラ研修の内容を茶化して、さも自分には関係のないような発言をしています。
　「あんなこと言ってたら、女の子と話せなくなる」
　「セクハラなんて言われる奴は、女の子に嫌われているに違いない」
　「俺達は下ネタを言っても、嫌われていないから大丈夫」
との発言は、いずれも「性的な言動」にストレートに該当するとまでは言い難いものです。したがって、これらの発言がセクハラに該当するとまでは断定できません。
　しかし、これらの発言は、管理職らが、業務上必要とされるセクハラ研修を無意味だと考えているような発言であり、極めて不適切なものです。就業規則中に懲戒事由として、「素行不良であること」や「会社の秩序や風紀を乱す言動をしたこと」などが定められている場合に

は、これらの懲戒事由に該当するとして、懲戒処分を課すこともも考えられます。

📌 L館事件（最判平27・2・26労判1109・5）

　セクハラ行為による処分の相当性が最高裁まで争われた著名な事案として、L館事件があります。
　この事案では、水族館等の経営等を目的とする会社の男性社員2名が、複数の女性に対して性的な発言等のセクハラ行為をしたことが懲戒事由として問題となりました。
　そのうち1人の懲戒処分の対象となった言動として、セクハラに関する研修を受けた後、「あんなん言ってたら女の子としゃべられへんよなあ。」「あんなん言われる奴は女の子に嫌われているんや。」という趣旨の発言をしたことが挙げられています。
　L館を経営する会社のセクハラ禁止文書には、禁止行為として「①性的な冗談、からかい、質問」、「③その他、他人に不快感を与える性的な言動」、「⑤身体への不必要な接触」、「⑥性的な言動により社員等の就業意欲を低下させ、能力発揮を阻害する行為」等が列挙され、これらの行為が就業規則4条（5）の禁止する「会社の秩序又は職場規律を乱すこと」に含まれることや、セクハラの行為者に対しては、行為の具体的態様（時間、場所（職場か否か）、内容、程度）、当事者同士の関係（職位等）、被害者の対応（告訴等）、心情等を総合的に判断して処分を決定することなどが記載されていました。L館を経営する会社において、セクハラ禁止文書は、就業規則4条（5）に該当するセクハラ行為の内容を明確にするものと位置付けられていたのです。
　判示では、研修後の発言がセクハラ禁止文書のどの文言に該当するのかは明記されていませんが、研修後の発言が、就業規則の「会社の秩序又は職場規律を乱すこと」に該当するとされています。

第2章 第2 言動に関するグレーゾーン　　77

> **Case 17** 上司が、異性の社員と二人きりの個室で、注意や指導を行った
>
> 男性上司は、異性の社員に注意や指導する際には、必ず社員がいるオフィスから離れた応接室に呼び出し、ソファに横に座るように促し、近くに座って、注意や指導をします。その注意や指導の内容は、オフィスで周囲の社員に聞かれても問題のないような内容であり、わざわざ密室の応接室に呼び出して、注意や指導をするほどのものではありません。女性社員らは、このような男性上司の行動に不信感を抱いており、二人きりになることを懸念しています。男性上司の行動は、セクハラに該当しますか。

専門家の眼

指導や注意をする際に、密室の応接室で異性の社員と二人きりになること自体はセクハラではありません。しかし、密室内で身を寄せたり、必要以上に身体を接触させた場合には、セクハラに該当するおそれがあります。密室内での言動は、第三者の目も行き届かないものであり、誤解や不安を与えかねません。無用に異性の社員を密室に呼び出して二人きりになることは避けるべきでしょう。

★ 個室で二人きりの注意や指導

セクハラ指針2（4）では、職場におけるセクシュアルハラスメントにいう「性的な言動」として、性的な内容の発言及び性的な行動の2

点を掲げ、「性的な行動」として、「必要なく身体に触ること」が挙げられています。同様に、男女雇用機会均等法施行通達第3・1（3）イ③では、「性的な言動」のうち、「性的な行動」として、「必要なく身体に触ること」が挙げられています。

　個室で二人きりになることは、身体に触ることでもありませんし、機密性や秘匿性の高い情報に関連して指導注意するといった場面では、業務上の必要性がある行為です。しかし、ソファの横に座らせて、身を寄せるという行為が伴った場合には、「必要なく身体に触ること」として、セクハラに該当するおそれがあります。

📌 なるべく密室で二人きりにならない

　そして、密室で二人きりになった場合、セクハラをしていないことを反証することも難しくなります。セクハラは不法行為ですので、セクハラ行為があったことは、裁判においては、被害者側が立証しなければなりません。したがって、加害者側は「セクハラしていない」ことは立証する必要はないのです。

　しかし、例えば、上司と二人で密室に居た被害者が、泣きながらその密室から出てきたというような状況があった場合には、何かあったのではないかという先入観がぬぐい切れず、裁判に至る前の会社の調査や示談交渉の際に、加害者側が「セクハラなんてでっち上げだ」と主張するだけでは、信用してもらえないおそれもあります。

　秘匿性や機密性が高い情報に関連して注意や業務指導をする場合は別として、異性の社員と密室で二人きりになる必要がない場合には、密室で二人きりになるようなシチュエーションはなるべく避けることがセクハラ防止の第一歩といえます。

第2章　第2　言動に関するグレーゾーン　　　79

> **Case 18** 採用面接で役員が応募者に、結婚の予定や子供が生まれた場合の就業継続の意思を尋ねた
>
> 　当社では、女性社員が、結婚や出産をして退職することが続いており、慢性的な人材不足に陥っています。そこで、採用面接で、人事担当役員が、女性の応募者に対してのみ、「結婚する予定はあるのか」「子供が生まれた場合には仕事を続けるのか」と質問をしたいのですが、このような質問はしてもかまわないものでしょうか。

専門家の眼

　性差別禁止指針においては、採用面接に際して「結婚の予定の有無」、「子供が生まれた場合の継続就労希望の有無」を女性に対してのみ質問することが、性別を理由とする差別の禁止（雇均5）に該当する行為として挙げられています。

📌 性別を理由とする差別の禁止

（1）　男女雇用機会均等法5条違反

　男女雇用機会均等法5条においては、性別を理由とする差別の禁止が定められています。この法令に違反した場合には、厚生労働大臣の助言・指導・勧告の対象となったり（雇均29）、企業名の公表（雇均30）、場合によっては、過料が科されることもあります（雇均33）。

(2) 性差別禁止指針

性差別禁止指針第2・2（2）は、募集及び採用に際して、男女雇用機会均等法5条により禁止される行為を例示しています。

性差別禁止指針第2・2（2）ハにおいては、「採用選考において、能力及び資質の有無等を判断する場合に、その方法や基準について男女で異なる取扱いをすること」の例として、「④採用面接に際して、結婚の予定の有無、子供が生まれた場合の継続就労の希望の有無等一定の事項について女性に対してのみ質問をすること。」が挙げられています。

(3) 本事例の質問

したがって、本事例のように、女性の応募者に対してのみ、「結婚する予定はあるのか」、「子供が生まれた場合には仕事を続けるのか」と質問をすることは、男女雇用機会均等法5条により禁止されています。

📌 男女両方に同じ質問をすることは

性差別禁止指針においては、上記のように「女性に対してのみ質問すること」が禁止される例として挙げられています。

では、男女の応募者双方に、「結婚する予定はあるのか」「子供が生まれた場合には仕事を続けるのか」と質問をすることは、法令により禁止されていないのでしょうか。

男女雇用機会均等法施行通達第2・1（2）ニにおいては、「『結婚の予定の有無』、『子供が生まれた場合の継続就労の希望の有無』については、男女双方に質問した場合には、法には違反しないものである」との記載があります。したがって、男女の応募者双方に同様の質問をすることは、男女雇用機会均等法5条では禁止されていないものです。

ただし、同通達には、以下のような続きがあります。すなわち、「も

とより、応募者の適正・能力を基準とした公正な採用選考を実施するという観点からは、募集・採用に当たってこのような質問をすること自体望ましくないものであること。」との記載があります。

男女問わず、結婚をしようが、子供が生まれようが、仕事を続けることの支障にはならないはずです。したがって、同施行通達にあるように、採用面接において、「結婚の予定の有無」、「子供が生まれた場合の継続就労の希望の有無」を質問することは、控えたほうがよいでしょう。

★ 性別による差別

採用面接での発言以外にも、会社説明会といった場面での発言にも注意が必要です。

例えば、「男性（女性）歓迎」「男性（女性）向きの職種」「男性（女性）優先」「主として男性（女性）」「貴男（貴女）を歓迎」といった説明をすることは、性別による差別に該当します（性差別禁止指針第2・2(2)イ②、男女雇用機会均等法施行通達第2・1(2)ロ）。

採用面接や会社説明会の担当者には、質問や発言などについて、十分留意をするように、あらかじめ研修を実施したり、マニュアルを作成して注意喚起するなど不用意な発言をしないように努めましょう。

3　相手方のプライベートへの介入

> **Case 19**　上司が部下に合コンやお見合いを強引に勧めた
>
> 　男性上司は、男性部下が、交際相手もおらず、結婚もしないことを心配し、「合コン行かないか」と女性が複数人いる飲み会に連れて行っていました。部下は、その都度断るものの、うまく断りきれずに、乗り気でないのに参加していました。男性上司はさらに、男性部下にお見合い話を持ってきて、取引先の社長令嬢とのお見合いを強引に勧めました。男性上司の言動はセクハラに該当しますか。

専門家の眼

　嫌がる部下を頻繁に合コンに連れて行ったり、お見合いを勧めることは、労働者の意に反する性的言動として、セクハラに該当するおそれがあります。同性同士の言動もセクハラに該当します。また、パワハラ（個の侵害）にも該当するおそれがある言動です。

📌　交際や結婚は自由

　会社の仲間と合コンに行くとか、勧められた相手とお見合いをすることは自由です。しかし、上司が嫌がる部下を、半ば強制的に合コンに連れて行ったり、お見合いを勧めることには問題があります。

男女雇用機会均等法施行通達第3・1（3）イ⑥では、「『労働者の意に反する性的な言動』及び『就業環境を害される』の判断に当たっては、…被害を受けた労働者が男性である場合には『平均的な男性労働者の感じ方』を基準とすることが適当である」とされていますが、嫌がる男性の部下を合コンに連れて行ったり、お見合いを強引に勧めることは、その強制の程度次第では、平均的な男性労働者からすれば、「意に反する性的言動」であり、「就業環境を害される」ものといえます。

なお、セクハラ指針2（1）には、「職場におけるセクシュアルハラスメントには、同性に対するものも含まれるものである。」とされており、男性上司から男性部下へのセクハラはあり得ることです。

✦ パワハラ（個の侵害）

また、上司が嫌がる部下を合コンに連れて行ったり、お見合いを強引に勧めることは、パワハラの6類型のうちの「個の侵害」（私的なことに過度に立ち入ること）として、パワハラに該当するおそれもあります。男女交際や結婚は本来自由であり、それを強制することは、過度なプライベートへの干渉になるからです。

✦ 迎合的な言動に注意

男性部下は、合コンの誘いに、その都度断るものの、うまく断り切れずに、乗り気でないのに参加していました。一見すると、嫌がっていないように思われます。

しかし、男女雇用機会均等法施行通達第3・1（3）ハ③においては、「相談者が行為者に対して、迎合的な言動を行っていたとしても、その事実が必ずしもセクシュアルハラスメントを受けたことを単純に否

定する理由にはならないことに留意すること」とされています。
　また、パワハラ運用通達第1・1（3）ハ③においても、「相談者が行為者に対して迎合的な言動を行っていたとしても、その事実が必ずしもパワーハラスメントを受けたことを単純に否定する理由にはならないことに留意すること」との記述があります。
　ハラスメント該当性の判断に当たっては、部下が上司の誘いを断っていた具体的状況も加味して、慎重に判断をする必要があります。

✈ 性的少数者（LGBT等）の方への配慮が欠けている

　本事例では、男性上司は、男性部下の性的指向が異性愛（異性を恋愛の対象とみること）であり、かつ、性自認（自分自身の性別の認識）が男性であるとの前提で、合コンに連れて行ったり、お見合いを強引に勧めたりしています。男性部下の性的指向が異性愛ではなかったり（同性愛や無性愛の方であったり）、性自認が女性であったりすることも考えられます。上司の誘いは、このような性的少数者（LGBT等）の方への配慮が足りない言動をしています。
　セクハラ指針2（1）には、「被害を受けた者（以下「被害者」という。）の性的指向又は性自認にかかわらず、当該者に対する職場におけるセクシュアルハラスメントも、本指針の対象となるものである。」と明記されています。
　男性部下の性的指向や性自認は、男性上司には認識し得ないものですが、性的少数者（LGBT等）の方への配慮が欠けているという点でも、不適切な言動です。

Case 20 子供の話ばかりしたり、早く結婚して子供を持つことを執拗に勧めた

　子供が3人いる女性社員は、他の社員らに、普段から、子供の成長、行事、レジャーなどの話ばかりしています。昼休みには、同僚や部下に、子供の写真を見せたりもしています。社員の中には、子供がいない者もいます。女性社員が子供の話をすることはセクハラに該当しますか。また、子供がいない社員に対し、「早く結婚して子供を持ちなさい」と執拗に勧めることはセクハラに該当しますか。

専門家の眼

　子供の話をすること、それだけでは、原則として、セクハラには当たりません。しかし、同僚や部下が嫌がっているのに、あえて子供の話ばかりすると、セクハラに該当するおそれが強まります。また、嫌がっていなくても、「早く子供を持ちなさい」等と執拗に勧めることは、セクハラ又はパワハラに該当するおそれがあります。

★ 子供の話をすること

　職場で、子供の話をすること、それ自体はセクハラには該当しません。親の話をしたり、友人の話をしたりすることを禁じられないのと同じことです。しかし、社員の中には、子供を持つことができない、あるいは、不妊治療中の社員もいるかもしれません。

子供の話をすることを不快に感じる社員もいるおそれがありますが、誰を基準として、セクハラに該当するか否かを判断すればよいのでしょうか。

📌 誰を基準に判断するか（原則）

男女雇用機会均等法施行通達第３・１（３）イ⑥では、「『労働者の意に反する性的な言動』及び『就業環境を害される』の判断に当たっては、労働者の主観を重視しつつも、事業者の防止のための措置義務の対象となることを考えると一定の客観性が必要である。具体的には、セクシュアルハラスメントが、男女の認識の違いにより生じている面があることを考慮すると、被害を受けた労働者が女性である場合には『平均的な女性労働者の感じ方』を基準とし、被害を受けた労働者が男性である場合には『平均的な男性労働者の感じ方』を基準とすることが適当であること。」とされています。

平均的な労働者の感じ方からすれば、子供の話をすることそれ自体は、「労働者の意に反する」とか「就業環境を害される」といった程度には及んでいないと考えられます。

📌 誰を基準に判断するか（例外）

しかし、当該通達には、以下のようなただし書があります。すなわち、「ただし、労働者が明確に意に反することを示しているにもかかわらず、さらに行われる性的言動は職場におけるセクシュアルハラスメントと解され得るものであること。」との付記があります。平均的な（男性・女性）労働者という客観的な基準に加え、一定の場合には、労働者の主観も考慮する内容となっています。

したがって、ある社員から、「子供の話題は避けてほしい」と言われ

ている場合に、あえて、その社員に対して、子供の話をすることは、セクハラに該当するおそれが強まります。

　ただ、明確に「子供の話題は避けてほしい」と言える社員はなかなかいないでしょう。子供の話をする際は、子供の話をすることを好まない社員もいるかもしれないと考えて、周囲への一定の配慮をすることも社員間の良好な関係の維持のために有用です。

✈ 早く結婚して子供を持つように強要すること

　子供の話をすること、それ自体は、原則としてセクハラに該当しないとはいえ、それを超えて、「子供を早く持ちなさい」とか「結婚しなさい」と強要することは、結婚や出産が自由な意思に基づいて行われることに反しており、平均的な女性（男性）労働者の感じ方からすれば、「意に反する性的な言動」であり「就業環境が害される」ものといえ、セクハラに該当するおそれがあります。

　また、パワハラの６類型のうちの「個の侵害」（私的なことに過度に立ち入ること）として、パワハラに該当するおそれもあります。

Case 21　交際相手の有無や交際相手との関係、夫婦関係といった異性との関係について詮索した

　男性社員は、男性・女性を問わず、プライベートのことを尋ねがちでした。挨拶代わりに、「彼氏（彼女）いるの？」「彼氏（彼女）とはうまくいってるか？」と、交際相手の有無や、交際相手との関係について質問をします。既婚者には、「旦那（嫁）とうまくやっているのか」「性生活はしているのか」等と夫婦関係を詮索してきます。このような男性社員の言動はセクハラに該当しますか。

専門家の眼

　性的な事実関係を尋ねることは、セクハラに該当します。男性から女性への言動だけではなく、同性同士の言動もセクハラに該当します。

📌 性的な事実関係を尋ねること

　セクハラ指針2（4）では、職場におけるセクシュアルハラスメントにいう「性的な言動」のうち、「性的な内容の発言」の一例として「性的な事実関係を尋ねること」が挙げられています。また、男女雇用機会均等法施行通達第3・1（3）イ③では、「性的な言動」のうち、「性的な発言」（イ）として、「性的な事実関係を尋ねること」が挙げられています。

　本事例のように、「彼氏（彼女）いるの？」「彼氏（彼女）とはうま

くいってるか？」と、交際相手の有無や、交際相手との関係について質問をしたり、既婚者には、「旦那（嫁）とうまくやっているのか」「性生活はしているのか」等と夫婦関係を詮索することは、「性的な事実関係を尋ねること」に該当します。

そして、平均的な女性（男性）労働者の感じ方（男女雇用機会均等法施行通達第3・1（3）イ⑥）を基準にすれば、このような質問をされることは、意に反する性的な言動であり、就業環境を害される程度の言動といえ、セクハラに該当します。

★ 裁判例では

（1）　「彼氏いるの？」「うまくいってるの？」

市立小学校長が、セクハラを理由に懲戒停職処分を受けたことにつき、処分取消請求をしましたが、それが認められなかった事案があります（福島地判平30・3・27（平28（行ウ）4））。

校長のセクハラ行為の中には、飲食会の際、「彼氏いるの？」と尋ねたこと、同飲食会の後「（彼氏と）うまくいってるの？」と尋ねたこと、教職員が出張伺いをした際「福島の彼氏のところに行くのか？」「泊まらないの？」と尋ねたこと、別の飲食会の時などに「何人も男をはべらしているんだろう。」「何人の男と関係を持っているんだ。」と発言したこと、教職員が夏休み前に私事旅行の届出をした際に「宇都宮にも彼氏がいるのか。」と発言したこと、さらに別の飲食会の際「顔を見れば男性経験しているかどうか分かる。」と発言したこと、夏休みに入り「夏休み中に泊まりに行こう。」と発言したこと、夏休みの後、「夏休み、終わっちゃったよ。土日に行こう。」と発言したこと、夏休み中に、「もう少し短いスカートをはけば。」と発言したことが挙げられています。

（2）　学校法人Y事件（東京地判令3・5・17労経速2459・3）

　大学の男性教員が、女子学生を含む学生に対し、性的な事実関係を尋ねたり、一方的に身体接触をしたりしたなどのセクハラ行為を理由として、大学の講義や立入りを禁じられた業務命令が無効であるとして、大学に対し、慰謝料請求がなされたが、請求が棄却された事案があります。

　男性教員は、男性学生に「彼女はいるのか」「異性との付き合いはあるのか」と尋ねたり、女性学生に、交際相手の有無や男性経験の有無について質問したりしました（ただし、これらの発言をしたことについて、男性教員は、ハラスメント調査や裁判においても供述を変遷させており、その信用性が争点となっています。）。

　判示では、異性との交際経験を聞き出すことが許容される関係かという点も検討されていますが、この判断においては、大学教員と学生という立場であること、会話をしたことが初めての機会であったこと、年齢差等が勘案されており、許容される関係ではないと判断されています。

第2章　第2　言動に関するグレーゾーン　　　　　　　91

> **Case 22**　リモートワーク中に、男性社員が女性社員の部屋や服装に言及した
>
> 　リモートワーク中に、オンライン会議のパソコン画面に、女性社員の自宅内部が写り込んだことについて、男性社員が、「かわいい部屋だね。」と言い、さらに、女性社員の服装について、「自宅ではそんな服装なんだね。全身が見たいので、立ってみてもらえないか。」といいました。女性社員は、この言動を気味悪く思いました。リモートワーク中のこのような言動は、セクハラに該当しますか。

専門家の眼

　リモートワーク中のパソコンの画面に、自宅内部が写り込んだり、普段と違った私服の様子が見えたりした際、部屋の様子や服装のことについて、嫌らしい言葉を使って、発言することは、セクハラに該当します。このようないわゆるリモートハラスメントも、セクハラに該当することがあります。

★　リモートハラスメント（リモハラ）

　新型コロナウイルスの感染拡大防止の対策のために、テレワークが一気に広がりました。そのツールとして、オンライン会議が多く利用されるようになりました。そして、オンライン会議中の不適切な言動が、「リモートハラスメント」（略してリモハラ）と称されるようにな

りました。テレワークハラスメント（略してテレハラ）といわれることもあります。

📌 リモートワーク中のセクハラ

（1） オンライン会議中の言動

　オンライン会議における言動も、対面における言動が行われたのと同じ状況ですから、対面において、女性社員の部屋の写真をのぞき込んで「かわいい部屋だね。」と言ったり、さらに、女性社員の服装について、「自宅ではそんな服装なんだね。全身が見たいので、立ってみてもらえないか。」と発言するのと同じことです。これらは、性的に不快感を与える言動ですので、セクハラに該当するおそれがあります。

　オンライン会議で自宅の内部が写りこんだり、家族が写ったり、普段と違う私服を着ていたりする様子が見えた場合に、コミュニケーションを図るために、部屋の様子や服装について言及してしまいそうになりますが、このような質問は、パワハラの一類型としての「個の侵害」（私的なことに過度に立ち入ること）にもなり得ます。

（2） リモートワーク中のメールやSNSメッセージを用いた言動

　リモートワークにおいては、意思疎通の方法として、メールやSNSメッセージやチャットツールを用いていることも多いでしょう。メールやSNSメッセージで、デートに誘ったり、卑猥な言動をした場合には、セクハラに該当することがあります。

　リモートワークの事案ではありませんが、X大学事件（アカハラ（セクハラ）による停職処分無効確認請求事件、東京地判平30・8・8労経速2367・3、東京高判平31・1・17（平30（ネ）4077））は、大学の准教授が女子学生に対し、女子学生がLINEのやりとりを途中で打ち切れない心情に陥っていたのに、延々と約3時間にわたって会話を続けたという事案ですが、

そのLINEの内容において、准教授は、「学長のケースって、やっちゃったの？」とか、セクハラの限界線などとして「お尻は無理だけど、二の腕はOKとか」などと性的な内容に言及したり、ゼミの学生の選考に関し特定の女子学生を「切る」理由として「かわいくないから」などと述べるなど、女性を容姿で判断する志向を示した上で、女子学生に対し、「今度、デートしよっか？」と述べたりしました。

　メールやSNSメッセージは、卑猥な言動そのものが文字として残りますので、これがセクハラの直接証拠になります。話し言葉と異なり、前後の文脈も文字として残りますし、表情や声色といった補足情報がなくとも、文章そのものが性的な内容であれば、二人きりのコミュニケーションであっても、「言った言わない」という争いなく直ちにセクハラの事実認定ができる点が、対面によるセクハラ事案と異なるところです。

　X（旧ツイッター）やフェイスブックなどのSNSを介したハラスメントは、別途、ソーシャルメディアハラスメント（ソーシャルハラスメント、ソーハラ）などと呼ばれることがあります。

4　娯楽等

> **Case 23**　休み時間に周囲の目に入るところで、パソコンやタブレットやスマホでアダルトサイトの卑猥な動画を見た
>
> 男性社員は、休み時間に、パソコンやタブレットやスマホで、アダルトサイトにアクセスし、卑猥な動画を見たりしています。画面に大きく表示されるため、周囲を通る社員の目に入ります。注意をすると、「休み時間なんだからいいだろう」と言って聞きません。周囲の女性社員は、嫌悪感を抱いています。セクハラに該当しますか。

専門家の眼

　セクハラ指針には、「環境型セクシュアルハラスメント」の一例として、「抗議しているにもかかわらず、事業所内にヌードポスターを掲示しているため、その労働者が苦痛に感じて業務に専念できないこと」が挙げられています。休み時間であっても、パソコンやタブレット画面から、アダルトサイトの画面が周囲の社員に見え、不快に感じた社員らから抗議されてもやめずに、周囲の就労環境が害される場合には、セクハラに該当します。

✦ 周囲に見えるようにアダルトサイトで卑猥な動画を見ること

　セクハラ指針2（4）及び男女雇用機会均等法施行通達第3・1（3）イ③によれば、職場におけるセクシュアルハラスメントにいう「性的な言動」のうち、「性的な行動」には、「わいせつな図画を配布・掲示すること」が含まれています。

　本事例のように、周囲に見えるようにアダルトサイトで卑猥な動画を見ることは、「わいせつな図画を掲示すること」に類似します。

　そして、平均的な女性労働者の感じ方（男女雇用機会均等法施行通達第3・1（3）イ⑥）を基準にすれば、休み時間とはいえ、職場において、アダルトサイトの卑猥な動画を見ざるを得ない環境に置かれることは、意に反する性的な言動であり、就業環境を害される程度の言動といえ、セクハラに該当する行動です。

✦ 環境型セクシュアルハラスメント

　男女雇用機会均等法11条1項は「セクハラ」の2つの類型について定義をし、セクハラ指針では、男女雇用機会均等法11条1項の文言をもとに、セクハラ行為を2つに分類しています（セクハラ指針2（5）（6））。そのうち、「環境型セクシュアルハラスメント」とは、労働者の意に反する性的な言動により労働者の就業環境が不快なものとなったため、能力の発揮に重大な悪影響が生じる等その労働者が就業する上で看過できない程度の支障が生じることをいいます。

　そして、セクハラ指針2（6）では、具体例として、「ハ　抗議しているにもかかわらず、事業所内にヌードポスターを掲示しているため、その労働者が苦痛に感じて業務に専念できないこと。」が挙げられています。

　なお、「ハ」については、「厚生労働省　都道府県労働局雇用環境・

均等部（室）」のリーフレットである「職場における・パワーハラスメント対策・セクシュアルハラスメント対策・妊娠・出産・育児休業等に関するハラスメント対策は事業主の義務です！」においては、「労働者が抗議をしているにもかかわらず、同僚が業務に使用するパソコンでアダルトサイトを閲覧しているため、それを見た労働者が苦痛に感じて業務に専念できないこと。」という事例に置き換えられています。

📌 人事院規則では

　人事院規則は、人事院が国家公務員の働くためのルールを定めたものです。セクハラに関しては、「人事院規則10-10（セクシュアル・ハラスメントの防止等）の運用について」（平10・11・13職福442）の「別紙第1　セクシュアル・ハラスメントをなくするために職員が認識すべき事項についての指針」に詳細な定めがあります。

　すなわち、同指針第1の「3　セクシュアル・ハラスメントになり得る言動」として、以下のような記載があります。

一　職場内外で起きやすいもの
　（2）　性的な行動関係
　　ア　性的な関心、欲求に基づくもの
　　　①　ヌードポスター等を職場に貼ること。
　　　②　雑誌等の卑猥な写真・記事等をわざと見せたり、読んだりすること。
　　　③　身体を執拗に眺め回すこと。
　　　④　食事やデートにしつこく誘うこと。
　　　⑤　性的な内容の電話をかけたり、性的な内容の手紙・Eメールを送ること。
　　　⑥　身体に不必要に接触すること。
　　　⑦　浴室や更衣室等をのぞき見すること。

このように、動画だけではなく、「ヌードポスター」を貼ったりや「卑猥な写真・記事等」の静止画を見せたり読んだりする行為もセクハラとなり得る言動に挙げられています。

★ 裁判例では

　株式会社の代表者が従業員に対して行ったセクハラ行為につき、代表者個人に対して不法行為責任を認めると共に、会社に対しても民法44条1項（筆者注：現行民法では削除）による損害賠償責任を認めた事例（千葉地判平10・3・26判タ1026・240）では、被告会社の事務所内で、被告代表者から、パソコンで卑猥な画面を見せられたり、身体を触られたり、スカートの中に手を入れられ、キスを求められたりしたほか、「愛しくてたまらない。生活の面倒をみてあげたい。学生以来のときめきで夜も眠れない。」などと言われ続けたことがセクハラであると認められました。

| Case 24 | 嫌がる同性の部下を、異性が接客してくれる飲食店（キャバクラ等）に連れて行った |

　男性上司は、女性が接客をしてくれる飲食店（キャバクラ等）に好んで行くのですが、自分が行く際に、部下の男性社員をよく誘います。新人の男性社員は、男性上司から誘われるたびに、何かと理由を付けて断っていました。しかし、あるとき、男性上司から、「上司の言うことが聞けないのか。そんなのでは出世できないぞ。おまえも一緒に来い。」と言われて、新人の男性社員は、嫌々ながら同行しました。男性上司の言動はセクハラに該当しますか。

専門家の眼

　男女雇用機会均等法施行通達では、「性的な発言」の一例として、「食事・デート等への執拗な誘い」が挙げられています。男性から女性への言動だけではなく、同性同士の言動もセクハラに該当します。同性同士であっても、異性が接客をしてくれる飲食店（キャバクラ等）に執拗に誘う行為がセクハラに該当することがあり得ます。

✒ 異性が接客をしてくれる飲食店（キャバクラ等）に執拗に誘うこと

　男女雇用機会均等法施行通達第3・1（3）イ③では、「性的な言動」のうち、「性的な発言」として、「食事・デート等への執拗な誘い」が

挙げられています。この例は、セクハラの被害者と加害者が異性であることを前提としています。

本事例のように、同性同士で、異性が接客をしてくれる飲食店（キャバクラ等）に行くことを執拗に誘う場合は、この施行通達の典型例にはストレートに該当しませんが、セクハラ指針2（1）には、「職場におけるセクシュアルハラスメントには、同性に対するものも含まれるものである。」と明記されています。そして、平均的な男性労働者の感じ方（男女雇用機会均等法施行通達第3・1（3）イ⑥）を基準にすれば、上司から執拗に同行を強いられることは、「意に反する」性的な言動であり、「就業環境を害される」程度の言動といえ、「セクハラ」に該当します。

📌 裁判例では

ライフマティックス事件（大阪地判令4・2・18労ジャ128・38）は、異性間のセクハラの事案ですが、男性上司が、女性部下を「女性店員が上半身には下着を着けないままワイシャツを、下半身には臀部が見えるくらいの短い丈のスカートをそれぞれ着用した上で接客し、サービス等を提供する店舗」に誘って同行した上で、強要はしていないものの、淫らな行為をすることを勧める趣旨の発言をし、その結果、女性部下は、上司からの評価を獲得したい等との心情から、底意では必ずしもそれを望んでおらず、抵抗感を抱くなどしつつ、男性上司らの目の前で、女性店員と複数回の接吻をしたほか、女性店員との間で胸部を触り合う行為をするなどし、男性上司はさらに淫らな行為をするよう煽る発言をしたり、女性部下が女性店員の胸部を触れる際の挙動をみて、性的羞恥心を一層害するような卑わいな発言をするなどした一連の言動が、女性部下の人格権を侵害した不法行為に当たるものと認めることが相当であると判断されました。

第3　身体的接触に関するグレーゾーン

> **Case 25** 挨拶ついでや喜びの表現として異性の社員に「ハグ」をした
>
> 　外国赴任経験が長い男性上司が、女性社員らに対し、挨拶ついでや、褒めたり、喜びの表現をする際に「ハグをする」というスキンシップをよくとります。女性社員らの身体に接触したいという気持ちに基づいているものかは不明ですが、女性社員らは、このような身体接触に対し、不快感を抱いています。このようなスキンシップはセクハラに該当しますか。

専門家の眼

　セクハラ指針では、「必要なく身体に触ること」は「性的な行動」として、セクハラに該当する旨が記載されています。裁判例でも「ハグ」は、セクハラに該当すると判断されているものが散見されます。同意なく、異性の社員に「ハグ」することは、挨拶や喜びの表現であったとしても、セクハラに該当すると判断されます。

📌 ハグをすること

　セクハラ指針2（4）では、職場におけるセクシュアルハラスメントにいう「性的な言動」として、「性的な内容の発言」及び「性的な行動」の2点を掲げ、「性的な行動」として、「必要なく身体に触ること」が

挙げられています。同様に、男女雇用機会均等法施行通達第3・1(3)イ③では、「性的な言動」のうち、「性的な行動」として、「必要なく身体に触ること」が挙げられています。

　本事例のように、挨拶ついでや、褒めたり、喜びの表現であっても、異性の社員に「ハグ」をすることは、「必要なく身体に触ること」に該当します。

　そして、平均的な女性（男性）労働者の感じ方（男女雇用機会均等法施行通達第3・1(3)イ⑥）を基準にすれば、同意なくハグされることは、意に反する性的な言動といえ、部下らの就業環境が害される程度の言動といえます。

　外国の赴任経験が長い社員にとっては、「ハグ」はコミュニケーションの一環であると捉えられているかもしれませんが、日本における平均的な女性（男性）労働者を基準にすると、たとえ、ハグがコミュニケーションの一環であっても、戸惑いを抱くものです。性的な意図がなくても、唐突に、同意なく、ハグをすることは避けたほうがよいでしょう。

📌 裁判例では

　「ハグ」については、裁判例でも、判断に悩みが現れているものの、セクハラであると判断されているものが散見されます。
（1）　大学教授が学生に「ハグしよう」と言った言動
　大学の契約教授（任期付教授）が、セクハラを理由に契約解除をされたことを争った事案があります（大阪地判平23・3・24（平22（ワ）7657））。
　契約教授は、就職活動のために落胆していた学生を元気づけるために一連の言動に及んだ旨主張し、セクハラ行為に類するものではなかった旨主張していました。しかし、仮に契約教授の意図がそのようなものであったとしても、<u>背後から両手で肩を触ったり、手を触るなど</u>

の意図的に身体に接触する行為や、止めてくださいと述べた本件学生に対し、ハグしようなどと抱擁を求める意味に解される発言をする行為は、その行為の外形に照らして相手の意に反する性的言動に該当すると認められるから、契約教授の上記主張は採用できないと判示されました（下線は筆者。）。

（2）ハグが欧米の挨拶であるとの反論がなされた事案

ハグなどのセクハラを理由に大学の名誉教授の称号を取り消されたことが争われた事案があります（神戸地尼崎支判平21・7・9（平19（ワ）487））。

判示では、ハグの意義について詳細な検討を加えています。すなわち、「ハグは、相手と向き合った体勢で腕を相手の背中に回し、上半身を接触させる行為であるから、相手の意に反するハグはいわゆるセクシュアル・ハラスメントに該当するものというべきである。そして、原告が平成15年12月12日のゼミのクリスマス会においてA（被害者）に行ったハグは、A（被害者）の意に反するものであったと認められるから、セクシュアル・ハラスメントに該当するといわざるをえない。しかしながら、他方で、ハグ自体は一般的に、親愛の情に基づく挨拶行為であり、欧米においては挨拶の一態様として珍しいものではなく、相手の意に反しない限り反倫理的行為とまでは考えられないところ、原告は、親愛の情に基づく挨拶行為としてハグを行ったのであって、強要と見られるような態様ではなく、その意図としても、嫌がらせ目的や性的欲求に基づくものとは窺われない。加えて、原告は長年にわたり同様のハグ行為をしていたものの、このことが神学部において問題とされることはなかったことが認められる。」として、ハグはセクハラ行為であることは認めた上で、その問題性の程度が比較的軽微なものであったことの理由に、「ハグ」が「欧米においては挨拶の一態様として珍しいものではない」ことが挙げられています（下線及び括弧書きは筆者。）。

第2章 第3 身体的接触に関するグレーゾーン　　103

| Case 26 | 手相を見せてと言い、差し出した手のひらを手相にそって指でなぞった |

　男性社員は、職場で、女性社員に対し、「手相を見せてくれないか」と頼み、女性社員が差し出した手を自分の手のひらの上に乗せて、もう片方の手の指で、女性社員の手相をなぞるようにして触りました。女性社員は、手相を見るだけだと思っていたので、手を触られたことに驚きました。男性社員の行為は、セクハラに該当しますか。

専門家の眼

　セクハラ指針にいう「労働者の意に反する性的な言動」の「意に反する」は、明示的に拒否や拒絶の態度を示している場合に限られません。手相を見るだけのつもりで手を差し出したのに、手を触られることは、女性社員の承諾があるとはいえませんし、「手相をなぞるように触る」ことは、平均的な女性労働者の感じ方からすれば、「意に反する性的な言動」であり、セクハラに該当します。

✦ 手相を見せてと言って手を触る

　職場で、「異性の社員にものを手渡しする」とか、「転倒した異性の社員を引き起こしたりする際に手を握る」とか、「高所から降りる異性の社員を落下から守るために手をとる」といった業務上必要な範囲で、異性の手に触れることはあり得ますし、それが必要最小限の接触に留まる範囲であれば、セクハラとまではいえません。しかし、「手相を見

せてと言って手を触る(しかも手のひらを指でなぞる)」という行為は、そもそも仕事には無関係であり、上述の３つの業務上の必要から手を触ったり、握ったりする場面とは全く異なります。

　女性が被害者である場合、「労働者の意に反する性的な言動」、「就業環境を害される」の判断に当たっては、平均的な女性労働者の感じ方を基準とします（男女雇用機会均等法施行通達第３・１(3)イ⑥)。業務上必要もないのに、手相を見てあげるからといって、異性の社員から、手を触られることは平均的な女性労働者の感じ方からすれば、気持ちの悪い不快な行為でしょうから、「意に反する性的な言動」であり「就業環境を害される」ものと判断されます。手を差し出したからといって、当然、手を触ってよいという同意があったとは考えられませんので、承諾があったともいえません。

　なお、これが「飲み会の場面」なら許されるのかといえば、必ずしもそうではありません。飲み会の場面で、異性の社員の真の同意（強制や迎合的ではない同意）を得て、手のひらを触ることは許されますが、真の同意がないのに、手のひらを触ることはやはりセクハラに該当する行為です。

📌 裁判例では

　旭川公証人合同役場事件（札幌高判令３・11・19（令３（ネ）180））では、公証人が、会食後に、書記に対し、手相を見せてくれないかと頼み、書記が差し出した左手の掌を右手指でなぞったものであるところ、書記は、公証人に対して左手の掌を見せただけであり、掌に触れることを明示的にも黙示的にも承諾していたものではなく、手相を見てもらうだけにとどめるのが通常であって、書記に無断でその掌をなぞったことは、書記の法的に保護された利益を侵害する行為であるから、不法行為に当たるものと認められると判断されました。

Case 27 身体の自慢をするために、男性上司が、部下の女性社員に、足や腕といった身体の部位を触らせた

　男性上司は、職場で、部下の女性社員らに対し、「トレーニング」や「スキンケア」をしていることを自慢するために、シャツやズボンをまくりあげて、自分の足や腕の筋肉を見せ、「鍛えてるだろう、すべすべだろう、触ってみろ」等と言って、足や腕の筋肉を触るように促してきます。女性社員らは、気持ち悪がっているものの、触らないと不機嫌になるため、嫌々ながら触っています。男性上司の言動はセクハラに該当しますか。

専門家の眼

　セクハラ指針では、「必要なく身体に触ること」は「性的な行動」として、セクハラに該当する旨が記載されています。足や腕の筋肉を「触らせること」は、拒絶することが困難な状況であれば、「意に反する性的な言動」としてセクハラに該当します。

✒ 手や足を触らせること

　セクハラ指針2(4)は、職場におけるセクシュアルハラスメントにいう「性的な言動」として、「性的な内容の発言」及び「性的な行動」の2点を掲げ、「性的な行動」として、「必要なく身体に触ること」が挙げられています。同様に、男女雇用機会均等法施行通達第3・1(3)

イ③では、「性的な言動」のうち、「性的な行動」として、「必要なく身体に触ること」が挙げられています。

本事例では、男性上司が、女性部下らの身体を「触る」のではなく、自分の足や腕を「触らせる」という行為が問題となっています。女性部下らが、男性上司の身体を触るかどうかは、女性部下らの意思にかかっています。実際に触るかどうかは任意とはいえ、触らないと男性上司が不機嫌になるという背景があります。上司部下の友好的な関係を保つために、嫌々触らざるを得ない状況にあります。

そして、平均的な女性労働者の感じ方（男女雇用機会均等法施行通達第3・1（3）イ⑥）を基準にすれば、拒絶できない状況において、性器ではないとはいえ、異性の上司の足や腕を触らせることは、意に反する性的な言動であり、就業環境を害される程度の言動といえ、セクハラに該当します。

★ 足や腕の筋肉を見せること

他方で、足や腕の筋肉を自慢するために見せるだけであれば、身体への接触を伴わない言動であり、また、足や腕は、性器や性的な部位ではないため、性的な言動とまでは言い難く、セクハラであるとは断定できません。

しかし、職場においてわざわざシャツやズボンをめくりあげて、異性の部下に見せることは、それだけで不快感を抱かせるおそれもあり、執拗に繰り返されたり、見せるために接近した場合には、「職場の風紀を乱す行為」があったとして、服務規律違反により懲戒処分の対象となることも考えられます。

第2章　第3　身体的接触に関するグレーゾーン　　　107

> **Case 28** 職場内の狭い通路をわざわざ通って、異性の社員の身体に触れた
>
> 　男性社員は、気に入った女性社員に近づきたいために、職場内で、女性社員が座っている椅子の後ろばかり通ります。女性社員の椅子と後方の壁までの間は、50センチほどしかありません。そのため、男性社員が通るたびに、椅子に座っている女性社員の頭や肩や腕などに身体が当たります。たしかに、男性社員が廊下に出るためには、その狭い通路を通るのが最短距離なのですが、ほかにも通路はあります。男性社員の行為はセクハラに該当しますか。

専門家の眼

　セクハラ指針では、「必要なく身体に触ること」は「性的な行動」として、セクハラに該当する旨が記載されています。狭い通路を通る際に、過失により身体が触れてしまった場合はセクハラには該当しませんが、気に入った異性に近づきたいために、わざと狭い通路を通り、身体に触れることはセクハラに該当します。

📌 狭い通路を通って身体に触れること

（1）　わざとである場合（故意の場合）

　セクハラ指針2（4）では、職場におけるセクシュアルハラスメントにいう「性的な言動」として、「性的な内容の発言」及び「性的な行動」

の2点を掲げ、「性的な行動」として、「必要なく身体に触ること」が挙げられています。同様に、男女雇用機会均等法施行通達第3・1（3）イ③では、「性的な言動」のうち、「性的な行動」として、「必要なく身体に触ること」が挙げられています。

本事例のように、気に入った異性の社員に近づきたいために、狭い通路を通って、自らの身体を気に入った異性の社員の身体に触れさせることは、「必要なく身体に触ること」に該当します。そして、平均的な女性労働者の感じ方（男女雇用機会均等法施行通達第3・1（3）イ⑥）を基準にすれば、わざわざ狭い通路を通って、その都度、身体が接触することは、意に反する性的な言動といえ、女性社員の就業環境を害される程度の言動といえ、セクハラに該当するといえます。

（2） やむを得ない場合や過失の場合

他方で、狭い通路を通らざるを得ず、そのため、どうしても身体が触れてしまうような場合や、うっかり触ってしまった過失の場合は、セクハラには該当しません。

ただ、異性の社員同士の身体が接触するおそれのあるような狭い通路があることが、無用なセクハラ紛争を発生させるおそれもあることから、会社としては、このような座席配置をしないように注意しておくほうが無難です。

★ 裁判例では

東京地裁令和3年9月29日判決（令2（ワ）19664）の事案では、スーパーマーケットのベーカリー部門において、幅80〜100センチの通路上にいた、女性パート社員（平成3年生まれ）の後ろを男性社員（6歳年上のベーカリー部門チーフ）が通る際に、男性社員の右手甲側の指が1回、女性社員の臀部に接触したことがセクハラに該当するかが問

題となりました。

　判示では、幅80ないし100センチ程度の狭い通路上にいた女性社員の後ろを通る際に、右手甲側の指が1回臀部に接触しただけであるから、接触に至る経緯や態様に照らして、故意に臀部に触れたとは認められず、かえって過失により触れたと認められるとして、セクハラ行為であることは認定されませんでした。

第2章 第3 身体的接触に関するグレーゾーン

> **Case 29** 体調の悪い異性の部下の介抱のために、おでこを触って熱があるかを確かめたり、おなかをさすったり、肩を抱いたりした
>
> 　男性上司は、部下の女性社員から体調が悪いという申出を受けると、医師でも看護師でもないのに、①「熱があるのではないか」と言っておでこを触って体温を確かめたり、②「おなかは痛くないか」と言っておなかをさすったり、③「休んでおきなさい」と言って、肩を抱いてソファまで連れて行ったりします。このような介抱の言動は、セクハラに該当しますか。

専門家の眼

　医師でも看護師でもない上司が、異性の部下の「おでこ」や「おなか」を触ったりする行為は女性社員の承諾があるとはいえませんし、これらは、平均的な女性労働者の感じ方からすれば、「意に反する性的言動」であり、セクハラに該当するおそれがあります。ただ、体調の悪化は緊急的な場面ですので、業務上必要最小限の身体接触であれば許容される場合もあります。

★ 医療関係者でない者の介抱

　セクハラ指針2（4）では、職場におけるセクシュアルハラスメントにいう「性的な言動」として、「性的な内容の発言」及び「性的な行動」の2点を掲げ、「性的な行動」として、「必要なく身体に触ること」が

挙げられています。同様に、男女雇用機会均等法施行通達第3・1（3）イ③では、「性的な言動」のうち、「性的な行動」として、「必要なく身体に触ること」が挙げられています。

　女性社員の体調不良に乗じて、医師でも看護師でもない男性上司が、女性部下の介抱のために、おでこやおなかといった身体の部位に触ることは、「必要なく身体に触ること」に該当します。そして、平均的な女性労働者の感じ方（男女雇用機会均等法施行通達第3・1（3）イ⑥）を基準にすれば、同意なくおでこに触られたり、ましてや、おなかをさられたりすることは、意に反する性的な言動といえます。

✈ おでことおなかの違い

　ところで、「おでこを1回だけ触る」のと「おなかをさする」のでは、身体への接触度合いが随分と異なります。いくら体調を心配しているとはいえ、「おなかをさする」のは行き過ぎです。おなかを痛がっており、誰かがさすって痛みを抑えないとさらに体調が悪化するような場面は例外として、「おなかをさする」ことは、セクハラに該当するおそれの強い行為です。

　他方で、「熱があるか」を確かめるために、「おでこを1回だけ触る」という行為だけで、セクハラといえるかは疑問があります。

　必要のない身体的な接触は避けるべきですが、緊急的な状況下で、帰宅や受診をさせるべきかの判断をするために、体温計がない際に、高熱が発生しているかどうかを確かめるとか、おなかの痛みをとるべく、女性の同意を得て、必要最小限の範囲で触れたような場合には、セクハラには当たらないといえるでしょう。

Case 30　負傷したことから、異性の社員に介助を求め、介助してもらっている際に、異性の社員の身体を触る

年輩の男性社員は、特に自分と年齢の離れた入社年数の浅い女性社員らに対し、「膝を痛めているから、階段を下りるときに介助してほしい」などと要望します。年若い女性社員らは断り切れず、階段を下りる男性社員の身体を支えたり、手を貸したりしています。年輩の男性社員は、女性社員らに、身を寄せたり、肩を抱いたり、手を強く握ったりします。周囲の社員は、介助の意味合いがあることから、年輩の男性社員に注意をできないでいます。年輩の男性社員の行為は、セクハラに該当しますか。

専門家の眼

セクハラ指針では、「必要なく身体に触ること」は「性的な行動」として、セクハラに該当する旨が記載されています。介助してもらっている際に、異性の社員に必要以上に、身を寄せたり、肩を抱いたり、手を強く握ったりすることは、セクハラに該当するおそれがあります。

★ 介助を求め、介助をしてもらっている際に身体を触る

セクハラ指針2(4)では、職場におけるセクシュアルハラスメントにいう「性的な言動」として、「性的な内容の発言」及び「性的な行動」の2点を掲げ、「性的な行動」として、「必要なく身体に触ること」が

挙げられています。同様に、男女雇用機会均等法施行通達第3・1（3）イ③では、「性的な言動」のうち、「性的な行動」として、「必要なく身体に触ること」が挙げられています。

　介助を求めて、任意に助けてもらうことは許されますが、介助してもらっている際に、不必要に異性の社員に、身を寄せたり、肩を抱いたり、手を強く握る必要がないのに、必要以上に接触することは、平均的な女性労働者の感じ方（男女雇用機会均等法施行通達第3・1（3）イ⑥）からすれば、「意に反する性的言動」といえ、「就業環境を害される」ものとしてセクハラに該当するおそれがあります。

📌 介助にかこつけた身体的接触への注意の仕方

　とはいえ、負傷している社員に対して、「身を寄せないでください」「肩を抱かないでください」「手を強く握らないでください」等と面と向かって拒否や抵抗を示すことは困難です。また、セクハラ被害を受けているのかどうかの判別も難しく、周囲の社員も、負傷している社員に注意をすることも躊躇されます。

　そこで、介助にかこつけた必要以上の身体的接触がなされている疑いがある場合には、周囲の男性社員が、自然な形で、女性社員と介助を代わってあげるなどして、被害が拡大しないように配慮することも大事です。

　なお、介助にかこつけて、女性社員の胸・腰・臀部といった身体の中でも性的な意味合いのある部位に触れている場合には、すぐにやめるよう注意すべきです。

> **Case 31** 異性の社員の衣服についた髪の毛やゴミを指でつまんでとった
>
> 　男性社員は、女性社員らの衣服に、髪の毛やゴミがついているのを見ると、「髪の毛（ゴミ）がついているよ」と言って、指でつまんでとります。髪の毛やゴミがついている箇所は、肩であったり、背中であったり、ときには、胸元であったりします。女性社員らは、「ありがとうございます」とはいうものの、男性社員の行動に戸惑いを見せています。かかる男性社員の行為はセクハラに該当しますか。

専門家の眼

　セクハラ指針では、「必要なく身体に触ること」は性的な行動であるとされています。衣服についた髪の毛やゴミをとることは必要な行為ではありますが、女性社員に「髪の毛（ゴミ）がついている」と注意するだけで、男性社員がこれを指でつまんでとる必要まではありません。ごく一瞬の接触であれば、セクハラとまではいえませんが、誤解を招きかねない行動ですので、避けるべき行動です。

★ 衣服についた髪の毛やゴミを指でつまんでとる

　セクハラ指針2（4）では、職場におけるセクシュアルハラスメントにいう「性的な言動」として、「性的な内容の発言」及び「性的な行動」の2点を掲げ、「性的な行動」として、「必要なく身体に触ること」が

挙げられています。同様に、男女雇用機会均等法施行通達第3・1（3）イ③では、「性的な言動」のうち、「性的な行動」として、「必要なく身体に触ること」が挙げられています。

　女性社員の衣服についた髪の毛やゴミをとることは必要な行為ではありますが、女性社員に「髪の毛（ゴミ）がついている」と注意するだけで、男性社員がこれを指でつまんでとる必要まではありません。ごく一瞬の接触であれば、セクハラとまではいえませんが、誤解を招きかねない行動ですので、避けるべき行動です。

　特に、髪の毛やゴミがついている部位が、胸元や下腹部である場合には、平均的な女性労働者の感じ方（男女雇用機会均等法施行通達第3・1（3）イ⑥）を基準にすれば、意に反する性的な言動といえ、胸元や下腹部に衣服の上から触れられることは、就業環境を害されるものといえ、セクハラに該当すると判断されるおそれが高まります。

✦ 衣服に髪の毛やゴミがついていたらどうしたらよいか

　たとえ、セクハラに該当しないとしても、異性の社員の身体に指先だけでも接触することは、誤解を生む行為になりますので、避けるべきでしょう。

　衣服に髪の毛やゴミがついている場合には、「髪の毛（ゴミ）が背中についているよ」等と指摘をして、自ら取り除くように促すべきです。異性の社員が認識しないままに、突然、衣服に触れて、髪の毛やゴミを指でつまむ行為は避けるべきです。

> **Case 32** 異性の社員に対して話しかけるときに接近したり、耳元でささやいたりした
>
> 　男性社員Aは、女性社員に話しかける際、男性社員に対するよりも、かなり接近して会話をすることで有名です。男性社員Aは、ひどいときには、通りすがりに、女性社員の耳元近くに顔を寄せて、ささやくように、「仕事頑張ってるね」などと言います。そんなに近づかなくとも声は十分聞こえます。男性社員Aのこの言動はセクハラに該当しますか。

専門家の眼

　セクハラ指針では、「必要なく身体に触ること」は性的な行動であるとされています。異性の社員に接近して、耳元近くに顔を寄せてささやくことは、「身体に触ること」には直接該当しませんが、必要以上に接近することはこれに類似した行為であり、継続的に行われている場合には、セクハラに該当することもあります。

★ 耳元でささやく

　セクハラ指針2(4)では、職場におけるセクシュアルハラスメントにいう「性的な言動」として、「性的な内容の発言」及び「性的な行動」の2点を掲げ、「性的な行動」として、「必要なく身体に触ること」が挙げられています。同様に、男女雇用機会均等法施行通達第3・1(3)イ③では、「性的な言動」のうち、「性的な行動」として、「必要なく身体に触ること」が挙げられています。

　「耳元でささやく」ことは、身体に触れていないものですが、「必要

なく身体に触ること」に類似する行為です。機密性や秘匿性が高い情報を緊急で伝達する必要がある場合には、小声で耳元でささやくなどして、周囲に漏れないように情報を伝達する必要がありますが、メモを渡したり、メールを送信したりするという代替方法もあり、緊急を要する場合以外には、「耳元でささやく」必要はありません。業務上の必要もないのに、継続的に耳元でささやく行為は、平均的な女性労働者の感じ方（男女雇用機会均等法施行通達第3・1(3)イ⑥）を基準とすれば、意に反する性的な言動であり、就業環境が害されるものといえ、セクハラに該当するといえます。

　耳元でささやいた内容が業務に関連する事柄であれば、まだしも、「仕事頑張ってるね」という緊急で伝える必要もない内容であれば、単に女性社員に近づきたいがために耳元でささやいていると判断されるため、セクハラに該当するおそれはより高まります。

📌 裁判例では

　週刊誌の記事による名誉毀損を理由とする損害賠償請求事件（東京地判平14・10・15判タ1160・273）において、化粧品製造販売会社の代表取締役が、女性社員に対し、食事の席で「ちょっと太ったんじゃない」と女性従業員の腰に手を回したり、耳元で「キミ可愛いね」とささやくといった行為等があったことを週刊誌の記事に掲載したことが問題となりました。

　これがセクハラ行為に該当するか否かが直接の争点となった事案ではありませんが、判示でも、当該記事が原告会社内で原告甲山が社長としての地位を利用して女性従業員に「セクハラまがいの行為」を行っているとの内容になっていることが前提とされており、耳元でささやく行為がセクハラ行為であるとの前提で審理がなされていたことが分かります。

> **Case 33** 異性の部下を褒める際に、頭をなでたり、ポンポンと触ったりした
>
> 年輩の男性社員Aは、親子ほど年の離れた大学生のアルバイトの女性社員Bに対し、仕事で出来がよいことを褒める際に、「よくできる子だ」といいながら、頭を何回もなでたり、ポンポンと触ったりします。男性社員Aには性的な意図はないようですが、女性社員Bは、気味悪がっています。このような頭をなでたり、ポンポンと触ったりする行為は、セクハラに該当しますか。

専門家の眼

　セクハラ指針では、「必要なく身体に触ること」は「性的な行動」として、セクハラに該当する旨が記載されています。異性の社員の頭を何回もなでたり、ポンポンと触ることは、性的な意図がなくとも、「必要なく身体に触ること」として、セクハラに該当し得る行為です。

★ 頭をなでる、ポンポンと触る

　セクハラ指針2（4）では、職場におけるセクシュアルハラスメントにいう「性的な言動」として、「性的な内容の発言」及び「性的な行動」の2点を掲げ、「性的な行動」として、「必要なく身体に触ること」が挙げられています。同様に、男女雇用機会均等法施行通達第3・1（3）イ③では、「性的な言動」のうち、「性的な行動」として、「必要なく身体に触ること」が挙げられています。

第2章　第3　身体的接触に関するグレーゾーン

　頭は、胸や腰や臀部といった性的な部位ではありませんが、異性の上司に何回もなでられたり、ポンポンと触られたりすることは、平均的な女性労働者の感じ方（男女雇用機会均等法施行通達第3・1（3）イ⑥）を基準にすれば、意に反する性的な言動といえ、部下らの就業環境を害される言動といえます。継続して、高い頻度でかかる行動がなされた場合には、セクハラに該当するといえるでしょう。

📌 裁判例では

（1）　横浜セクシュアル・ハラスメント事件

　在籍出向をしていた男性上司による出向先会社の女性社員に対するセクハラ行為が不法行為に該当すると判断された事案（東京高判平9・11・20労判728・12）です。複数のセクハラ行為がありますが、本事例のような身体的接触行為を挙げると以下のとおりです。

・男性上司は、女性社員と事務所で2人きりになった際、女性社員の席の後ろを通る時に、ぽんと女性社員の肩を叩くようになり、次第に、肩に手を置いている時間が長くなり、肩を揉んだりし、また、女性社員の髪をなでたり、束ねたり、指ですくなどして、髪に触るようになった。

・女性社員が、腰を痛めた際、「私の手は人の手より熱いんだよ。どう、良くなってきた。」と言いながら、腰を触った。

（2）　医療法人社団A事件

　医療法人の職員が、複数の女性職員の身体に触れ、性的な発言をするなどのセクハラをしたことを理由になされた解雇の有効性を争ったが、解雇が有効として請求が棄却された事案（医療法人A社団事件＝原審：横浜地判令3・10・28労経速2475・26、控訴審：東京高判令4・5・31労経速2491・40）があります。

当該職員のセクハラ行為の中に、女性職員に対し、「頑張ってね」と声を掛けながら頬を指先で触ったり、肩や背中をポンとたたいたりする身体的接触があったことが挙げられています。そして、この言動は、不快感、嫌悪感を抱かせるに足りる行為であって、現に女性社員は、強い不快感、嫌悪感を抱いたことが認められるから性的羞恥心を著しく害するものであったというべきであると判示されています。

第4　恋愛感情・交際関係に関するグレーゾーン

> **Case 34**　好意を抱いた社員に対し、昼夜問わず、頻繁に「おはよう」、「今何してるの」等のメッセージを送った
>
> 　女性社員は、男性社員に好意を抱き、業務連絡用のSNSを使って、「おはよう」「おやすみ」「今何してるの」と事あるごとにメッセージを送付したり、聞かれてもないのに、自分の行動や趣味の話を一方的に送り付けました。その連絡回数は、昼夜問わず、1日に数十回に及びました。男性社員は、面と向かって連絡をしてほしくないとは伝えずに、そっけない返事を繰り返しましたが、女性社員は、返事をくれることから、さらに連絡回数を増やしました。ついに、耐えかねた男性社員が「セクハラ」だと主張し始めました。女性社員の言動はセクハラに該当しますか。

専門家の眼

　好意を抱いた社員に対し、勤務時間外の行動を把握するようなメッセージを昼夜問わず頻繁に送ることは、セクハラに該当します。また、優越的な関係を背景とした場合には、パワハラ（個の侵害）にも該当します。

✈ 恋愛感情が見られる場合

　昼夜問わず頻回なメッセージを送付して、好意を抱いた社員の行動を把握することが、恋愛感情に基づく場合には、セクハラに該当するといえます。いわゆる「交際型のセクハラ」（交際関係に基づくセクハラ）に発展する前の段階で発生するセクハラです。
　（1）　女性から男性へのセクハラ
　セクハラ指針においては、セクハラの加害者・被害者それぞれについて、性別は特定されていません。セクハラ指針2（1）には、「職場におけるセクシュアルハラスメントには、同性に対するものも含まれるものである。また、被害を受けた者（以下「被害者」という。）の性的指向又は性自認にかかわらず、当該者に対する職場におけるセクシュアルハラスメントも、本指針の対象となるものである。」と明記されています。したがって、本事例のように、加害者が女性であり、被害者が男性であるセクハラも成立します。
　（2）　そっけないが返事をしていても
　男性社員は、女性社員の執拗なメッセージ送付に対して、そっけないながらも返事をしています。そのため、女性社員がさらに連絡の回数を増やすに至っています。
　男女雇用機会均等法施行通達第3・1（3）ハ③においては、「相談者が行為者に対して、迎合的な言動を行っていたとしても、その事実が必ずしもセクシュアルハラスメントを受けたことを単純に否定する理由にはならないことに留意すること。」とされています。
　特にセクハラでは、被害者の加害者に対する迎合的な言動があっても、ハラスメント該当性は否定されないとした裁判例が多く見られます。

本事例で、セクハラ調査が行われた場合、女性社員は、男性社員が嫌がっていなかったという弁解をすることが考えられます。しかし、女性社員は、業務連絡用のSNSを用いて、昼夜問わず、1日に数十回も行動を把握するような連絡を入れていたものですから、平均的な男性労働者の感じ方（男女雇用機会均等法施行通達第3・1（3）イ⑥）からすれば、「労働者の意に反する性的な言動」といえます。

📌 優越的な関係を背景とした場合

　上司・部下の関係であっても、個人的に業務に関係のないメッセージをやりとりすることはよくあることでしょう。しかし、勤務時間外に、上司が部下に対し、「今、何してる？」「今、どこにいる？」「起きた？」「ごはん食べた？」といった行動を把握するようなメッセージを送付することは、パワハラの6類型のうちの「個の侵害」（私的なことに過度に立ち入ること）として、パワハラに該当するといえます。

　また、行動を監視するような内容のメッセージではなくとも、深夜や早朝に嫌がらせのようにメッセージを送付したり、日中であっても、常識を超えるような大量のメッセージを送付したりすることも、プライベートへの過度な干渉として、「個の侵害」の類型のパワハラに該当するといえます。

📌 勤務時間内の私的なメッセージ送信を見付けたら

　ハラスメントの調査の際、社員が、勤務時間中に、業務に関係のないメッセージを送信していることが判明した場合、その行為がハラスメントに該当するか否かにかかわらず、勤務懈怠として懲戒処分の対象となる行為です。指導や注意をしても態度が改善しない場合には、

服務規律違反等で懲戒処分を検討しましょう。

📌 裁判例では

　旭川公証人合同役場事件（旭川地判令3・3・30労判1248・63）では、公証役場で公証人業務を行う被告が、書記をしていた原告に送信したメッセージ等は、原告に対する信頼や感謝の辞を述べるものはあったものの、それを超えて直接的に原告に対する恋愛感情を示したり、性的な内容を述べたりするものはなく、送信されたイラストの中には、動物を模したキャラクター同士が抱き合っているものや、ハートマークが使用されているものも含まれていたが、そのようなイラストが恋愛関係にない知人間で用いられることが明らかに不適切と評価されるとまではいえず、その内容を個々に取り上げてみた場合には、直ちに使用者として明らかに不適切なメッセージ等を送信したとはいえないとした上で、他方で、被告は、本件期間のうち平成30年8月下旬から同年10月下旬にかけて、原告に対し、ほぼ毎日のように多数のメッセージ等を送信しており、被告が送信したメッセージ等に業務とおよそ無関係なものが多数含まれていたこと、同年8月31日を除いて、原告からメッセージ等の送信を開始したことはなく、いずれも被告から送信が開始されていること、平日はその大部分が業務時間外に送信されており、休日の午前4時台に送信されたり、夜間、被告が飲酒した上で送信されることもあったことなどに照らすと、被告からのメッセージ等の送信は、業務上の必要性のみから行われたとは到底認め難く、職場内の親睦を図るという趣旨があるとしても、社会通念上、相当な範囲を逸脱していると評価せざるを得ないと判断され、人格権を侵害する不法行為に当たると認定されました（下線は筆者。）。

なお、当該事件の高裁判決（札幌高判令3・11・19（令3（ネ）180））では、「一審被告が、一審原告に対し、時間を問わず多数回にわたりメッセージ等を送信したほか、本件会食2の後に、一審原告の承諾なく、その掌を指でなぞったことが不法行為に当たることは…説示したとおりであるけれども、本件アプリ自体は業務上の連絡等においても使用できるものであるから、そのインストールを求めたことが直ちに不法行為に当たると認めることはできないし、メッセージ等の内容をみても、恋愛感情や性的意図が表れているとまでは認められない。」と判示され、慰謝料の金額が減額されました。

Case 35 気に入った異性の社員の連絡先や住まい等の個人情報を執拗に尋ねた

男性社員は、自分の気に入った女性社員がいると、「メールアドレスかLINEのIDを教えて」「連絡先を交換しようよ」「どこに住んでいるの？」といった個人情報を執拗に尋ねます。女性社員らは、ほかの社員にも教えているので、断りづらいため、やむなく教えたりしています。このような言動は、セクハラに該当しますか。

専門家の眼

恋愛感情に基づいて、嫌がる異性の社員に、連絡先や住まいの情報などの個人情報を執拗に尋ねることは、セクハラに該当するおそれがあります。恋愛感情がない場合でも、優越的な関係を背景として、個人情報を執拗に尋ねることは、パワハラ（個の侵害）に該当するおそれもあります。

★ 異性の社員に個人情報を執拗に尋ねる

セクハラ指針２（４）では、職場におけるセクシュアルハラスメントにいう「性的な言動」として、「性的な内容の発言」及び「性的な行動」の２点を掲げ、「性的な内容の発言」の一例として「性的な事実関係を尋ねること」が挙げられています。また、男女雇用機会均等法施行通達第３・１（３）イ③では、「性的な言動」のうち、（イ）「性的な発言」として、「性的な事実関係を尋ねること」が挙げられています。

連絡先や住まいの情報は、「性的な事実関係」ではありませんが、連絡先を聞いて、デートや食事に誘おうとしたり、住まいの情報を聞いて、訪問しようとしたりする意図が感じられます。

　業務上の必要性がないのに、恋愛感情に基づいて、嫌がる異性に執拗に連絡先や住まいの情報といった個人情報を尋ねることは、平均的な女性労働者の感じ方（男女雇用機会均等法施行通達第3・1（3）イ⑥）を基準にすれば、意に反する性的な言動といえ、就業環境を害される程度の言動といえ、「セクハラ」に該当するといえます。

★ パワハラ（個の侵害）に該当するおそれも

　上司・部下の関係のように、優越的な関係を背景として、部下の個人情報を執拗に聞き出した場合には、恋愛感情がなくとも、パワハラの6類型のうちの「個の侵害」（私的なことに過度に立ち入ること）として、パワハラに該当します。

　業務上の連絡をとるために、やむを得ず、個人的な連絡先を尋ねることは許される行為ですが、単なる個人的な興味で、部下に執拗に個人情報を尋ねることは、パワハラ（個の侵害）に該当します。

★ 業務上知った個人情報を流用した場合には

　同じ職場で働いている場合には、本事例のように、わざわざ連絡先や住まいの情報を聞き出さなくとも、社内の名簿などから、気に入った異性の社員の個人情報を取得できることもあります。それを利用して、気に入った部下に連絡をして、デートや食事に誘ったり、自宅を訪問することには問題があります。

　業務上知り得た社員の個人情報を、個人的な事柄に利用した場合には、就業規則に定められた服務規律の中の「秘密保持義務違反」等に該当し、懲戒処分の対象となります。

Case 36 上司が、面と向かって嫌とは言わなかった部下と性的な関係を持ったが、部下は性的な行為中嫌がりもせず、翌日以降も笑顔で挨拶してきたり、いつもどおり接してきた

　性的な関係を強要されたという被害申告がなされたセクハラ事案の調査の際、加害者と言われている男性上司から、「女性部下は、性的な行為中に嫌がっていなかった。翌日以降も、笑顔で挨拶してきたり、いつもどおりであった。同意のある性的な関係であり、セクハラは後付けで言い始めたことだ。」という主張がなされました。女性部下も、男性上司に直接抗議したことはないが、上下関係があるので、面と向かって嫌とは言えなかったと述べています。このような場合でも、セクハラは成立するのでしょうか。

専門家の眼

　男女雇用機会均等法施行通達においては、「相談者が行為者に対して、迎合的な言動を行っていたとしても、その事実が必ずしもセクシュアルハラスメントを受けたことを単純に否定する理由にはならないことに留意すること」とされています。特にセクハラでは、職場での関係悪化をおそれて面と向かって嫌とは言えないばかりか、被害者の加害者に対する迎合的な言動があったりした場合も、ハラスメント該当性は否定されないとした裁判例が多く見られます。

📌 迎合的な言動の取扱い

「被害者が抵抗するどころか、笑顔を見せていた、翌日以降も、嫌がるどころか親しげに接してくれた」というような迎合的な言動がある場合に、このことがセクハラの成立にどのような影響を与えるかが問題となります。

男女雇用機会均等法施行通達第3・1（3）ハ③においては、「相談者が行為者に対して、迎合的な言動を行っていたとしても、その事実が必ずしもセクシュアルハラスメントを受けたことを単純に否定する理由にはならないことに留意すること。」とされています。特にセクハラでは、被害者の加害者に対する迎合的な言動があっても、セクハラ該当性を肯定した裁判例が多く見られます。

セクハラの調査においては、相手が嫌がっていなかったという弁解がなされることがありますが、職場でのセクハラにおいては、内心は嫌がっていても、人間関係の悪化をおそれて、嫌がっていないように振る舞っていることもあります。嫌がっていなかったとか、迎合的な言動をしていたことそれのみをもって、セクハラの成立を否定することはできないものです。

📌 裁判例では

セクハラ被害を受けている最中に、正面から嫌がっている素振りをする場合もありますが、そうしなかったからといって、セクハラに該当しないということにはなりません。裁判例でも、そのような事案はいくつもあります。

（1） 横浜セクシュアル・ハラスメント訴訟事件

例えば、上記事件（東京高判平9・11・20判タ1011・195）では、加害者は、被害者が20分もの間、抱きつかれて無理やりわいせつな行為をされた

のに、逃げるとか悲鳴を上げて助けを求めるなどの行動に出なかったことが不自然である旨の主張を行いましたが、裁判所は、「職場における性的自由の侵害行為の場合には、職場での上下関係による抑圧や同僚との友好的関係を保つための抑圧が働き、これが、被害者が必ずしも身体的抵抗という手段をとらない要因として働くことが認められる」「（被害者が）事務所外へ逃げたり、悲鳴を上げて助けを求めなかったからといって、…不自然であると断定することはできない。」と主張を排斥しました。

（2）　学校法人甲音楽大学事件

また、上記事件（東京地判平23・7・28労経速2123・10）では、加害者（准教授で指導教員）は、被害者が被害の後も師弟関係を継続し、二人で食事をしたり、一緒の旅行への参加を希望したり、寄書きに感謝の気持ちを記載しているからセクハラという主張は信用できないと主張していました。しかし、裁判所は、「被害者が准教授で指導教員でもある原告（筆者注：加害者）の誘いを断れない立場にあったこと」、「卒業後も就職せずにピアノ伴奏の仕事の提供を受けることを期待していた」などを考えると、機嫌を損ねることを避けたいとの気持ちがあったものと理解できるとして、主張を排斥しました。

（3）　X社事件

さらに、上記事件（東京地判平24・6・13労経速2153・3）では、一定の社会経験がある昭和44年生まれの女性社員に対し、既婚の上司が関係を迫り、8か月間の性的関係を含む2年間の男女関係があったことについて、セクハラか否かが争点となりました。事案としては、当該女性社員の入社直後から、当該上司はドライブや居酒屋に誘うようになり、その後月に1回程度ラブホテルで性行為等をする関係が8か月程度続き、女性社員が拒絶したあとも、上司の性的な接触行為が続き、女性社員は体調不良で休職後、会社にセクハラの申告と損害賠償請求

を行い、休職期間満了で退職しました。女性社員からは、高価な贈り物をし、2番目の女は嫌だ等と誤解を生じさせるような言動もあったと認定されています。このような関係について、退職した当該女性社員はセクハラがあったと主張をし、上司は合意の上での不倫関係であると反論しましたが、裁判所は、「当初から一貫して…セクハラを受けていたという原告の供述は、自然かつ合理的である。これに対して、当初から原告は結婚を望んでおり、性行為に積極的であり、原告とは不倫関係にあったとの被告の供述は、不自然で不合理な点が多く信用できない」と判示し、セクハラを認定しました。このように一見、交際関係にあるように見える間柄でも、セクハラは成立します（いわゆる「交際型セクハラ」）。

（4） 熊本バドミントン協会役員事件

上記事件（熊本地判平9・6・25判時1638・135）では、バドミントン協会の会長Yがバドミントン選手Xと継続的に性関係を持ったことの違法性が争われました。最初の性関係が強姦またはこれに準ずる行為であったと認定され、その後もXにおいて要求を拒めば、どのような報復があるかも知れず、バドミントン選手としての将来が閉ざされるおそれがあると思い、やむなく性関係を続けました。これらの行為等について、慰謝料300万円が認容されました。

（5） 航空自衛隊自衛官（セクハラ）事件

上記事件（東京高判平29・4・12労判1162・9）では、男性上司（昭和37年生・当時は航空自衛隊空曹長）が上官としての地位を利用し、被害女性（昭和52年生・非常勤隊員）や交際相手への人事への影響力をちらつかせ、当時母子家庭で雇用や収入の確保に敏感になっている被害女性の弱みにつけ込んで性的関係を強要し、これを継続したことが違法行為であるとされました。

セクハラ行為としては、以下のような事実が認定されています。

- 採用試験前にメールアドレスを聞かれた。
- 採用試験前に、電話をかけて呼び出され、前夫の家庭内暴力等私生活上の秘密を根掘り葉掘り尋ねられた。
- 合否発表前、無人島の人気ない神社に連れていかれ、抱きしめられてキスをされた。
- 合否発表前、映画鑑賞をした後、ラブホテルで性交した。
- 採用後も自宅に上がりこんで、性的関係を強要した。
- 被害者が、部下の男性と交際を開始した後も交際解消を暗に勧めた。
- 自衛隊退職後も、交際相手が人事上不利益な取扱いをされると思い込み、性的関係を継続した。

✦ 迎合的な言動がある場合のセクハラ該当性判断の留意点

「被害者が嫌がっていないので同意している」「むしろ相手は自分に好意を寄せている」との主張が加害者からなされることがあります。そのような場合、被害者は、セクハラに対して、明示的に抵抗や拒否をするものである、それがなく、むしろ迎合している（話を合わせている、相手の言動を好意的に受け止めた言動をする等）であれば、嫌がっていなかったのではないかと判断しがちです。しかし、セクハラ被害を受けている者が、表立って嫌そうな反応をすることは、むしろまれであり、このような場合にこそ、慎重な判断が求められます。

Case 37　上司が部下に経済的援助をしたことの見返りに性的な関係（いわゆる援助交際の関係）が継続された

　男性上司は、女性部下のことを気に入り、食事に誘ったり、デートに行くようになりました。男性上司が性的な関係を求めたところ、月に1度関係を持つたびに、5万円を渡すことを条件に、女性部下はこれに応じました。このような関係は1年程度続き、男性上司は、女性部下に対し、現金以外に、ネックレスをプレゼントしたり、旅行代を出して、海外旅行にも行きました。女性部下は、このような関係は、上下関係があったことから、拒絶できないまま不本意に継続させられたものでセクハラであると主張しています。かかる男性上司の行動は、セクハラに該当しますか。

専門家の眼

　セクハラ指針によれば、「性的な関係を強要すること」は性的な言動に当たります。加害者被害者間に上下関係がある場合には、部下が上司に対して、迎合的な言動をしているだけではないかという点に注意をして、「意に反する性的な言動」の有無を認定すべきです。当事者間に経済的支援がある場合であっても、被害者がこれを受け入れざるを得なかったのか否かを判断すべきです。

📌 性的な関係を強要すること

セクハラ指針2(4)では、職場におけるセクシュアルハラスメントにいう「性的な言動」のうち、「性的な行動」として、「性的な関係を強要すること」が挙げられています。同様に、男女雇用機会均等法施行通達第3・1(3)イ③では、「性的な言動」のうち、「性的な行動」として、「性的な関係の強要」が挙げられています。

本事例のような、上司部下間の援助交際であっても、「性的な関係を強要すること」としてセクハラが成立するのでしょうか。本事例を検討するに際しては、参考となる裁判例があります。

📌 裁判例では

S工業事件（東京地判平22・2・16労判1007・54）では、女性社員（正社員・シングルマザー）に対し、男性上司（取締役）が、好意を示すメールを頻繁に送信し、月に1回食事をするなどの行為が、セクハラに該当するかが問題となりました。

女性社員は、平成4年4月から勤務を開始し、平成16年中から、男性上司が仕事で外出する際に女性社員を同行して、帰りに食事に誘うようになりました。男性上司は、「デートできて楽しい」などと言ったり、フルーツや栄養剤を女性社員の席に置いて行ったりしました。平成17年2月の休日の食事の際、女性社員の娘の高校入学祝いにiPodを購入し、月に1回食事に付き合うことを条件に10万円を支援することを約束しました。そして帰りにネックレスを買い与えました。

男性上司は、食事の際に聞き出したメールアドレスに、好意があること、プレゼントをしたいということなど、頻繁にメールを送信するようになりました。女性社員は、休日にメールをもらっても返事を返せない、メールを気にして生活するのはストレスを感じる、メールの

返信が苦痛に感じる、といった返信をしました。男性上司は、女性部下からのメールの返信がないと支援を打ち切るなどと言い出し、これを避けたい女性部下が返信等に応じると、態度を変えて支援を続けるなどといった応酬が何度か繰り返されました。

男性上司は、娘のホームステイの費用を出したり、入学祝いに高級なペンを送ったり、女性社員のイタリア旅行の費用を出したりもしました。また、パジャマやバッグや眼鏡をプレゼントしたりもしました。こういった支援の総額は約300万円に達していました。

男性上司は、女性部下がメールの着信を拒否すると、自宅に電話をかけて帰宅しているかを確かめたり、見慣れないセーターを着て出勤したときは、他の男性と会っているのではないかと自宅の留守番電話に何件もメッセージを吹き込んだりもしました。女性部下は、このような行動が嫌になり、平成19年1月31日に退職しました。肉体関係はなく、関係を求められたとしても拒否できる関係でした。

かかる男性上司の言動に対し、女性社員が慰謝料請求を行った事案です。

判示においては、男性上司が女性部下に送信したメールや経済的支援を含む様々な働きかけは、会社の取締役（上司）と部下の関係を逸脱した、女性社員の私生活に対する執拗かつ過剰な干渉であると認定されました。男性社員は、女性部下に一方的な恋愛感情を抱いて、経済的支援を通じて束縛しようとしたと考えられるとも判断されており、男性上司の言動は、「外形的にはセクシャルハラスメントに当たるということもできる。」と判示されました。

しかし、女性社員が合計約300万円の経済的支援を受けていたことや、関係を自発的に解消しようとはしなかったこと等の事情が勘案され、男性上司の一連の行為につき、不法行為の成立は否定され、慰謝料請求は認められませんでした。

女性社員は、反発すると賞与の減額等の報復的措置を受けるおそれがあったとも主張していますが、男性上司に対し、強い調子で拒否するようなメールを送っていることや、男性上司が退職を迫るなど女性社員の意思を抑圧しようとした事情がないことから、この主張は容れられませんでした。

★ 援助交際事案におけるセクハラ該当性の判断

上記裁判例を参考にすれば、援助交際事案において、セクハラ該当性を判断するに当たっては、当事者間の職務上の地位（取締役と一社員であること等）や、経済的支援に対する被害者側の対応、経済的支援の内容や金額、経済的支援を断った場合に被る不利益などを総合的に勘案することになると考えられます。

第2章　第4　恋愛感情・交際関係に関するグレーゾーン　　137

> Case 38　セクハラの被害申告があったが、被害女性は、男性上司と外でデートしたり、プレゼントをしたり、積極的に「会いたい」とのメールを送っていた

　女性社員から、「既婚者の男性上司からセクハラの被害を受けた。性的な関係を強いられた。」との被害申告がありました。男性上司から事情聴取したところ、「セクハラではなく、合意の上の不倫関係であった。」との主張がなされました。男性上司からは、一緒にゴルフに行ったり、誕生日のプレゼントをもらったりしたとの証拠も示されました。また、2人のメールのやりとりからは、女性社員から男性上司に積極的に「会いたい」とのメッセージが送られていることもわかりました。このようなケースでもセクハラに該当しますか。

専門家の眼

　セクハラ申告に対しては、「合意があった」との反論がなされることも多く、被害女性の交際に対する積極的な言動は、合意を推認させるものですが、交際関係にある当事者が、上司と部下といった間柄である場合は、部下が上司に対して、迎合的な言動をしているだけではないかという点に注意をして、「意に反する性的な言動」の有無を認定すべきです。

📌 性的な関係を強要すること

　セクハラ指針2（4）では、職場におけるセクシュアルハラスメントにいう「性的な言動」のうち、「性的な行動」として、「性的な関係を強要すること」が挙げられています。同様に、男女雇用機会均等法施行通達第3・1（3）イ③では、「性的な言動」のうち、「性的な行動」として、「性的な関係の強要」が挙げられています。

　本事例のように、被害者であると主張する部下がプレゼントをしたり、好意的なメール等が残っている場合には、上司部下間の不倫関係であるのか、それとも、「性的な関係を強要すること」としてセクハラが成立するのか、判断に悩むこととなります。本事例を検討するに際しては、参考となる裁判例があります。

📌 裁判例では

　（1）　X社事件（セクハラ肯定例）

　X社事件（東京地判平24・6・13労経速2153・3）では、一定の社会経験がある昭和44年生まれの女性社員に対し、既婚の上司が関係を迫り、8か月間の性的関係を含む2年間の男女関係があったことについて、セクハラか否かが争点となりました。

　事案としては、当該女性社員の入社直後から、当該上司はドライブや居酒屋に誘うようになり、その後月に1回程度ラブホテルで性行為等をする関係が8か月程度続き、女性社員が拒絶したあとも、上司の性的な接触行為が続き、女性社員は体調不良で休職後、会社にセクハラの申告と損害賠償請求を行い、休職期間満了で退職しました。女性社員からは、高価な贈り物をし、2番目の女は嫌だ等誤解を生じさせるような言動もあったと認定されています。

　このような関係について、退職した当該女性社員はセクハラがあったと主張をし、上司は合意の上での不倫関係であると反論しました。

裁判所は、「当初から一貫して…セクハラを受けていたという原告の供述は、自然かつ合理的である。これに対して、当初から原告は結婚を望んでおり、性行為に積極的であり、原告とは不倫関係にあったとの被告Bの供述は、不自然で不合理な点が多く信用できない」と判示し、セクハラを認定しました。

この裁判例では、「セクハラとは、相手方の意に反した性的な性質の言動を行い、それに対する対応によって仕事を遂行する上で、一定の不利益を与えたり、またこれを繰り返すことによって就業環境を著しく悪化させることであり、職場における上司と部下などの上下関係、優劣関係を背景に、圧倒的な力の差を利用し、隠微かつ狡猾な手段で脅迫・強制が行われること、被害者は職場の上司である加害者を怒らせないようにして自分を守ろうとする無意識の防衛本能が働くため、加害者に逆らうことができず、喜んで従って見えることがあるから、一見して性行為の強要があることがわかりにくいとされている。」と判示されていることが参考となります。

（２） ワールドインテリジェンスパートナーズジャパン事件（セクハラ否定例）

業務委託契約を締結していた女性アシスタントに対する男性経営者のセクハラ行為が問題となった事案です（東京地判平28・3・30（平25（ワ）23391））。この事案では、上記X社事件と異なり、セクハラ該当性が否定され、不倫関係であったとの認定がなされました。その際、考慮された事情は以下のとおりです。

・女性アシスタントは、男性経営者のことを、自らの意思で進んで「お兄ちゃん」と再三呼んでいた。
・女性アシスタントには、幼くして亡くなった兄がおり、知り合って間もない時期の電子メールで「兄は同い年なので、この２日間、憧れていた兄が突然現れたようなそんな思いがしました。」と送信していたことを踏まえれば、特別に親密な感情を抱いていたことを推

認させる。
- 男性経営者が、女性アシスタントに対し、「世界でいちばん、君が好きだ」という恋愛感情を述べた後、2人が利用していたラブホテルがある池袋で待ち合わせをする約束をしていた。
- 翌日、男性経営者が「お兄ちゃん、君を抱きしめたい。」と述べ、女性アシスタントから「だっこしてね、あとで」と返信していることからすれば、お互いに恋愛感情を持っていたこと及び2人が性交渉を伴う男女交際関係にあったことを推認させる。
- 女性アシスタントは、男性経営者からのプレゼントを喜んでいた。
- 男性経営者が女性アシスタントの希望を聞いて昼食に出かけていた。
- ラブホテルに行くことを前提に待ち合わせ時間やラブホテルの滞在予定時間を調整していた。
- 女性アシスタントは、男性経営者とラブホテルに行くことを嫌悪し、拒絶する趣旨の発言を明確に述べていない。
- 女性アシスタントが、男性経営者に対し、「だって私たちの関係自体浮気でしょ」と発言している。

このように、客観的な事実の経過によって推認される不倫関係に加え、会話内容を併せ考慮すれば、男女交際関係（不倫関係）にあったものと推認されるとされました。

★ 不倫関係かセクハラか

　セクハラではなく、合意の上の不倫関係であると、職務上立場が強い加害者側から主張がなされた場合には、慎重な判断が求められます。裁判例を参考にすれば、交際に至る経緯や交際中のメールやメッセージのやりとりや加害者・被害者の供述から、丁寧に事実関係を拾い出し、セクハラ該当性を判断することが重要です。

第2章 第4 恋愛感情・交際関係に関するグレーゾーン　141

> **Case 39** ラブホテルに一緒に入り、明確な拒否がなかったことから性的関係を持った
>
> 　管理職の男性社員は、既婚者ですが、入社1年未満の女性社員を気に入り、仕事の帰りに食事に誘ったり、車で送ったり、徐々に親しい関係になるように画策していました。出張で、車で2人きりで遠方に行った帰りに、ラブホテルの看板が見え、「休んでいこうか」と言ったところ、女性社員が拒絶する様子もなかったので、車でホテルに乗り入れ、女性社員の手を引いて部屋に入り、性的な関係を持ちました。その翌日、女性社員は、男性社員から強姦されたとの被害申告をし、会社のセクハラ窓口にも申告をしました。男性社員は、「ホテルに付いてきたのに、なぜ強姦やセクハラだと言われるのか」と反論しています。男性社員の行為は、セクハラに該当しますか。

専門家の眼

　セクハラ指針によれば、「性的な関係を強要すること」は性的な言動に当たります。ホテルに一緒に入ったということだけで、「強要はなかった」と即断し、セクハラ該当性を否定することはできません。また、「不同意性交罪」の構成要件として「経済的・社会的関係の地位に基づく影響力で受ける不利益を憂慮していること」があることから、「ホテルに一緒に入った」というだけで、犯罪の成立が否定されるわけではありません。

性的な関係を強要すること・不同意性交

性的な行動とは、性的な関係を強要すること、必要なく身体に触れること、わいせつな図画を配布・掲示すること、不同意わいせつ行為（改正前刑法にいう強制わいせつ罪）・不同意性交等（改正前刑法にいう強姦罪や強制性交罪）がこれに当たります（セクハラ指針2(4)、男女雇用機会均等法施行通達第3・1(3)イ③）。

本事例の男性社員としては、ホテルに一緒に行ったことや、明確な拒否がなかったことから、強姦やセクハラの成立を否定しています。

不同意性交罪

従前、「強制性交罪」（さらに以前は「強姦罪」）とされていたものが「不同意性交罪」に、「強制わいせつ罪」が「不同意わいせつ罪」に罪名及び構成要件を改正する改正刑法が、令和5年7月13日から施行されました。構成要件として「暴行や脅迫」に加えて、「経済的又は社会的関係上の地位に基づく影響力によって受ける不利益を憂慮させること又はそれを憂慮していること」が追加されました。

セクハラ加害者との関係でいえば、この「経済的又は社会的関係上の地位に基づく影響力によって受ける不利益を憂慮させること又はそれを憂慮していること」が構成要件として追加されたことに注目すべきです。上司部下間のセクハラ事案においては、刑事事件として立件されるリスクが高まったといえます。

本事例では2人の関係が、男性管理職と入社1年未満の女性社員であり、両者の社内での立場は、かなり格差があります。男性管理職が、女性社員の人事権や給与や賞与の査定に影響力を持っており、性的な関係を拒絶することで、女性社員が、不利益を受けることを憂慮しているような事情があれば、本事例でも、明確な拒絶がなくとも、不同意

性交罪が成立することがあります。ただし、ホテルに入った経緯やホテルに入ったのちの言動など、犯罪の成立については、さらに詳細な検討が必要となります。

📌 セクハラに該当するか

　不同意性交罪が成立するようなケースでは、セクハラが成立するといえるでしょう。しかし、刑事裁判の審理には時間がかかることから、刑事事件で有罪判決が確定する前に、会社内では、セクハラの該当性を判断し、男性社員の処遇や人事配置を検討する必要が生じる場合が多いでしょう。

　本事例では、男性社員は、「ホテルについてきた」ことを理由として、性的関係の強要を否定しています。

　ところで、男女雇用機会均等法施行通達第3・1（3）ハ③においては、被害者側に明確な拒否がなく、むしろ迎合的な言動があったとしても、「相談者が行為者に対して、迎合的な言動を行っていたとしても、その事実が必ずしもセクシュアルハラスメントを受けたことを単純に否定する理由にはならないことに留意すること。」とされています。

　特にセクハラでは、被害者の加害者に対する迎合的な言動があっても、ハラスメント該当性は否定されないとした裁判例が多く見られます。具体的には、ホテルに入った経緯やホテルの室内での言動などの事情も考慮してセクハラ該当性を判断することになります。

　では、本事例では、具体的にどのような判断がなされるのでしょうか。

📌 裁判例では

　本事例と類似の事案として、学校法人A京都校事件（京都地判令元・

6・28労判1302・49）があります。学校法人の分室長の男性が、雇用後1年少々の女性常勤講師に対し、ホテルで姦淫するなどのセクハラ行為を行った事案です。ホテルで性的な関係を持った2か月半ほど前に、食事に行き、食事後車で送ったあとキスをしたという関係経緯がありました。また、ホテルに行った際も一緒に部屋に入り、性的な関係を持っています。

　しかし、女性社員が生理中であったこと、ICレコーダーでホテル内の会話を録音していたこと、分室長の男性がシャワーを浴びている間に恩師に電話をして「どうしたらいい。逃げたら逃げます。」などと話していたこと、性的行為の際も、分室長の男性に対し、「一線を越えちゃだめです」などと発言したこと、翌日に、警察に相談し、体内から資料を採取させたこと等の事情から女性社員の供述の信用性が認められています。

　また、セクハラ行為の認定に当たり、判示で「性的被害を受けた場合、逃げたり直接的な抵抗をしたりできるのは被害者のごく一部で、身体的・心理的まひ状態に陥るなどとする被害者が多いこと、性的被害を受けている被害者が、笑っていたり全くの無表情で抵抗をしていないように見えたりする場合があることが認められる。このような事実からすれば、原告が、自責の念に駆られたり、その他合理的でない行動を執ったとしても、不自然であるとはいえない。また、性的な被害を受けた場合、羞恥心等から、交際相手や夫に対してであっても被害を申告できないことは、格別不自然とまではいえない。被害者の態度が、加害者からみて同意を表すようにみえても、実はそうでないということが、十分あり得る。」と詳細に記述されていることが注目されます。

　性的な被害の場合の同意の有無、セクハラや犯罪の成否を検討する際の一助になる判示です。

第2章 第4 恋愛感情・交際関係に関するグレーゾーン　　145

| Case 40 | 業務命令がないのに、気になる女性社員の仕事を任意に手伝ったり、アドバイスしたり、様子を見に行った |

　男性社員は、気になる後輩の女性社員に対し、頼まれてもないのに仕事を手伝ったり、尋ねられてもないのにアドバイスをしたり、用もないのにデスクを訪ねてきて、様子を見に来たりします。「手伝ってもらわなくていいです。」等と言われて、女性社員に嫌がられている様子が窺えます。男性社員は、悪気なくやっているようですが、おせっかいが過ぎるようです。男性社員の女性社員に対する過度な干渉やおせっかいな行為はセクハラに該当しますか。

専門家の眼

　気に入った異性の社員に対し、頼まれてもない仕事の手伝いやアドバイス、様子を見に来たりするような過度な干渉やおせっかいな行為は、セクハラに該当するおそれのある行為です。また、**業務上必要のない行為であり、「個の侵害」に類似したパワハラに該当し得る行為**です。

✦ 過度な干渉やおせっかいな行為

　男性社員が、頼まれてもないのに、気に入った後輩の女性社員の仕事を手伝ったり、尋ねられてもないのにアドバイスをしたり、用もな

いのにデスクを訪ねて、様子を見に来たりすることは、女性社員の業務の手助けをしているという側面もありますが、男性社員の自らの業務の遂行に必要な行為ではありません。

しかも、「手伝ってもらわなくていいです。」等と言われて、女性社員に明らかに嫌がられている様子が窺えます。

男性社員は、よかれと思って女性社員の仕事を手伝ったり、アドバイスをしているものとは思われますが、業務上必要のない行為です。ちょっとした気遣いで手伝ってくれているのであれば、ハラスメントには当たりませんが、執拗に他人の業務に対して過度に干渉する行為は、ハラスメントに該当する行為です。これがセクハラ、パワハラいずれに該当するかは、恋愛感情の有無によります。

✦ 恋愛感情が見られる場合

仕事の手伝い、おせっかいな行為が恋愛感情に基づく場合には、まず、セクハラ該当性が問題となります。本事例では、女性社員の就業環境が害されていますし、現に女性社員も嫌がっていますので、セクハラに該当します。

✦ 恋愛感情がなくとも

パワハラ指針は、個別事案におけるパワハラ該当性判断の一助として、パワハラに該当する代表的な6類型を列挙しています。そのうち、「個の侵害（私的なことに過度に立ち入ること）」のうち、「該当すると考えられる例」として、「労働者を職場外でも継続的に監視したり、私物の写真撮影をしたりすること」が挙げられています。

「個の侵害」はプライベートに関することへの過度な立ち入りの行為類型であることから、業務に対する過干渉は、ストレートに「個の

侵害」には該当しません。しかし、女性社員が嫌がっていることから、「個の侵害」に近い言動として、パワハラ該当性が問題となる行為です。

✦ 男性社員に対する対処

　本事例の男性社員の行為は、パワハラやセクハラ（恋愛感情に基づく場合）に該当し得る行為です。ハラスメント以前の問題として、業務時間中に、自らの業務をさておいて、業務命令も受けていないのに、他人の業務を手伝ったり、様子を見に行ったりすることは、自らの業務の勤務懈怠になります。

　会社としては、「ハラスメント行為をやめるように」という注意に先立ち、「勤務時間中は自らの業務を遂行するように」との注意指導を行うべきです。そして、その注意指導にも従わない場合には、勤務懈怠・ハラスメントとして懲戒処分を検討すべきです。

148　第2章　第4　恋愛感情・交際関係に関するグレーゾーン

> **Case 41**　休憩時間や帰宅時間などの業務時間外に、気になる異性の社員と過ごすため、その社員の仕事が終わるのを待った
>
> 　男性社員は、気になる女性社員と話がしたいため、昼休みや休憩時間に話しかけにいったり、また、一緒に帰宅したいため、仕事が終わるのを出口で待ったりする行為を繰り返しています。女性社員は、男性社員のこのような行為を嫌がっており、「今日は○○とランチするのでご一緒できません。」「今日は立ち寄るところがあるので一緒に帰れません。」と言って避けているようです。業務時間外とはいえ、男性社員のこのような待ち伏せ行為は、セクハラに該当するのでしょうか。

専門家の眼

　嫌がる異性の社員に対して、休憩時間や帰宅時間に待ち伏せをする行為は、「就業環境を害する性的な言動」としてセクハラに該当します。また、「個の侵害」としてパワハラにも該当する行為です。

📌 待ち伏せ行為

　休憩時間や帰宅時間は、誰と過ごすかは本来自由に決められるものです。そのような自由な時間に、嫌がる異性の社員を待ち伏せする行為は、労働者の意に反する性的な言動であり、就業環境を害するものとして、セクハラに該当します。また、恋愛感情に基づく待ち伏せ行為は、ストーカー行為等の規制等に関する法律2条1項1号にいうス

トーカー行為に該当し、刑罰の対象にもなります。社内で、このような待ち伏せ行為が行われている場合には、加害者に対して、待ち伏せ行為を即刻やめるように厳しく対処する必要があります。

✦ 「個の侵害」としてのパワハラ該当性

そして、恋愛感情の有無にかかわらず、待ち伏せ行為は、「個の侵害」として、パワハラに該当し得る行為です。パワハラ指針は、個別事案におけるパワハラ該当性判断の一助として、パワハラに該当する代表的な６類型を列挙しています。そのうちの一類型である「個の侵害(私的なことに過度に立ち入ること)」の「該当すると考えられる例」として、「労働者を職場外でも継続的に監視したり、私物の写真撮影をしたりすること」が挙げられています(パワハラ指針２(７)ヘ(イ)①)。休憩時間や帰宅時間に待ち伏せする行為は、女性社員のプライベートに対する過度な立入りであり、「個の侵害」に該当するかが問題となる行為です。

✦ 婉曲的な拒絶であっても

本事例の女性社員は、この男性社員の待ち伏せ行為を嫌がってはいるものの、「今日は〇〇とランチするのでご一緒できません。」「今日は立ち寄るところがあるので一緒に帰れません。」と言うのみで、面と向かって「待ち伏せされるのは嫌です。」と、はっきりとは言っていません。しかし、このような婉曲的な言い方であっても、男性社員としては、何度も誘いを断られている場合には、嫌がっていることを認知すべきです。

男女雇用機会均等法施行通達第３・１(３)ハ③においては、「相談者が行為者に対して、迎合的な言動を行っていたとしても、その事実が必ずしもセクシュアルハラスメントを受けたことを単純に否定する理由にはならないことに留意すること。」とされています。パワハラ運

用通達第1・1（3）ハ③においても、「相談者が行為者に対して迎合的な言動を行っていたとしても、その事実が必ずしもパワーハラスメントを受けたことを単純に否定する理由にはならないことに留意すること。」との記述があります。

上下関係がある場合には、面と向かって拒絶の意思を表示できないことが一般的ですので、女性社員が何度も断っているのに、休憩時間や帰宅時間に執拗に待ち伏せする行為は、セクハラ・パワハラの両方に該当するといえます。

📌 裁判例では

つきまとい行為に関する裁判例としては、PwCあらた有限責任監査法人事件（東京地判令2・7・2労経速2444・13）があります。

男性社員は、同じ職場の被害女性に興味を抱き、複数回にわたり、被害女性の帰宅時に、被告の事務所が入居しているビルの外から最寄り駅のホームまで後をつけ、同じ電車に乗り込み追跡するといった行為に及びました。この行為につき、警視庁丸の内警察署長は、男性社員に対し、ストーカー行為等の規制等に関する法律4条1項に基づき警告を実施しました。男性社員の本件ストーカー行為は、被告の就業規則において諭旨免職又は懲戒解雇の事由として定められている「ハラスメントにあたる言動により、法人秩序を乱し、またはそのおそれがあったとき」に該当するとされ、ほかの行為もあわせて諭旨免職処分されたことの有効性が争われた事案です。

判示では、ストーカー行為が就業規則に定められた諭旨免職処分事由に該当することは認められましたが、ストーカー行為を継続していたといった事情は認められないことや、懲戒処分歴がないこと、管理職でもなかったこと等を踏まえて、諭旨免職処分が重きに失するものであり、無効であると判断されました。

第２章　第４　恋愛感情・交際関係に関するグレーゾーン　151

> **Case 42** 男性上司と女性部下が交際関係にあったが、女性部下から別れ話を切り出されたため、交際関係を継続するように仕向けた
>
> 　男性上司と女性部下は、社内恋愛をしており、周囲の社員も２人の交際関係を知っていました。しかし、男女仲が悪化し、女性部下が男性上司に別れ話を切り出しました。しかし、交際関係を継続したい男性上司は、女性部下に対し、「僕と別れると、社内に居づらくなる」等と言い、交際を継続するように仕向けました。当初は順調な交際関係であったところ、男性上司のかかる言動はセクハラに該当しますか。

専門家の眼

　当初は自由な意思に基づく男女交際をしていたとしても、別れ話がこじれて、上司が部下に対し、上下関係を背景にして、明示的ないし黙示的に交際関係を継続した場合にも、セクハラが成立することがあります。

✦ 性的な関係を強要すること

　セクハラ指針２（４）では、職場におけるセクシュアルハラスメントにいう「性的な言動」のうち、「性的な行動」として、「性的な関係を強要すること」が挙げられています。同様に、男女雇用機会均等法施行通達第３・１（３）イ③では、「性的な言動」のうち、「性的な行動」として、「性的な関係の強要」が挙げられています。

本事例のように、当初は、社内恋愛に基づく男女交際であったとしても、別れ話がこじれて、上司が部下に対して、交際を継続するように仕向けた場合、「性的な関係を強要すること」として、セクハラが成立する場合があります。

★ セクハラ調査の際の留意点

（1） セクハラ調査は私生活への干渉にはならない

本事例のように、社内恋愛をしていることが社内に周知の男女社員がおり、その一方当事者からセクハラの申告がなされた場合には、「あの２人は交際しているのだからセクハラには該当しない」とか、「プライベートの交際関係には会社は介入できない」という誤解を抱きがちです。

しかし、セクハラ行為者や周囲の社員が、プライベートな交際関係にあると思っている間柄でも、内情は被害者が嫌がっているおそれがあることも考慮すべきです。会社としては、相談者の意向に応じて、セクハラの調査をすべきであって、それがプライベートへの過度な介入になることはありません。相談者や相手方に、交際関係中の関係、別れ話を切り出した際の状況、その後の相手方の対応や言動を詳細に聴取することは、セクハラ調査としては不可欠であり、私生活への過度な干渉とはみなされません。

（2） 関係解消や回復を指示したり、仲裁するのは行き過ぎ

もっとも、セクハラの相談を受けた者やヒアリングを担当する者が、プライベートでの交際関係の解消や回復を指示したり、そのための仲裁をすることは行き過ぎです。あくまでも、会社担当者としては、相談者と相手方との間で職場内での業務に必要なコミュニケーションがとれる関係の再構築をする範囲にとどめておきましょう。

第 3 章

会社対応に関するグレーゾーン

第3章　会社対応に関するグレーゾーン　　　　155

> Case 43　取引先からセクハラ被害の調査をしたいとの申入れを受けたが、面倒なことに巻き込まれたくないため、取引を打ち切った
>
> 取引先A社から、「当社の女性社員Xが、御社（B社）の男性社員Yから、接待中に、抱きつかれる、キスされるといったセクハラを受けたとの被害申告がありました。当社で調査をするので、男性社員の事情聴取に協力してください。」という申入れがありました。面倒なことに巻き込まれたくないため、申入れを断り、この取引先との契約を解除して取引を打ち切りましたが、何か問題はありますか。

【専門家の眼】

　セクハラ指針では、取引先から、事情聴取への協力を求められた場合には、これに応じるように努めなければなりません。また、取引先から、事情聴取への協力を求められたことを理由として、契約を解除するといった不利益な取扱いを行うことは望ましくないものとされています。

✦ 外部へのセクハラに関する法令及び指針

　外部へのセクハラは、男女雇用機会均等法11条に定められた措置義務の対象ではありませんが、セクハラ指針「7　事業主が自らの雇用する労働者以外の者に対する言動に関し行うことが望ましい取組の内

容」において、以下のような言及がなされています。

> 事業主及び労働者の責務の趣旨に鑑みれば、事業主は、当該事業主が雇用する労働者が、他の労働者（他の事業主が雇用する労働者及び求職者を含む。）のみならず、個人事業主、インターンシップを行っている者等の労働者以外の者に対する言動についても必要な注意を払うよう配慮するとともに、事業主（その者が法人である場合にあっては、その役員）自らと労働者も、労働者以外の者に対する言動について必要な注意を払うよう努めることが望ましい（下線は筆者。）。こうした責務の趣旨も踏まえ、事業主は、…職場におけるセクシュアルハラスメントを行ってはならない旨の方針の明確化等を行う際に、当該事業主が雇用する労働者以外の者（他の事業主が雇用する労働者、就職活動中の学生等の求職者及び労働者以外の者）に対する言動についても、同様の方針を併せて示すことが望ましい。また、これらの者から職場におけるセクシュアルハラスメントに類すると考えられる相談があった場合には、その内容を踏まえて、…必要に応じて適切な対応を行うように努めることが望ましい。

そして、外部へのセクハラについては、男女雇用機会均等法11条3項では、事業主は他の事業主から男女雇用機会均等法に基づき講ずる措置の実施に関する必要な協力を求められた場合には、これに応ずるように努めなければならないと規定されました。

これを受けて、セクハラ指針「5　他の事業主の講ずる雇用管理上の措置の実施に関する協力」では、次のように言及されています。

> 法第11条第3項の規定により、事業主は、当該事業主が雇用する労働者又は当該事業主（その者が法人である場合にあっては、その役員）による他の事業主の雇用する労働者に対する職場におけるセクシュアルハラスメントに関し、他の事業主から、事実関係の確認等の雇用管理上の措置の実施に関し必要な協力を求められた場合には、これに応ずるように努めなければならない（下線は筆者。）。また、同項の規定の趣旨に鑑みれば、事業主が、他の事業主から雇用管理上の措置への協力を求められたことを理由として、当該事業主に対し、当該事業主との契約を解除す

<u>る等の不利益な取扱いを行うことは望ましくない</u>ものである（下線は筆者。）。

✒ 外部へのセクハラに対する社内対応（事前対応）

上記のセクハラ指針を受けて、ハラスメント規定においても、外部に対するハラスメントを禁止するために、被害者となり得る範囲を以下のように規定するのがよいでしょう。

> 【サンプル規定（被害者の範囲）】
> （ハラスメントの被害者となる）他の従業員とは、直接的に言動の相手方となった被害者に限らず、言動により就業環境を害された全ての従業員を含むものとする。また、被害者は、会社の従業員に限らず、（ハラスメントの定義の）言動により被害を受けた取引先の従業員、就職活動中の学生等の求職中の者を含むものとする。

✒ 外部へのセクハラに対する社内対応（事後対応）

本事例のB社は、男女雇用機会均等法11条3項により、外部へのセクハラについて取引先A社からの事情聴取への協力依頼に応ずる努力義務があります。また、被害者Xから、Yの雇用主として使用者責任（民715）に基づいて、損害賠償請求をされるおそれもあります。そのようなことを想定して、セクハラの事後対応をすべきです。

男女雇用機会均等法11条3項によると、B社は、取引先A社に協力すればよいという従属的な立場にあると考えがちです。しかし、調査の結果、Yがセクハラ言動をした事実が認められた場合、B社は、Yへの懲戒処分や配置転換等を検討することとなります。そのための資料をしっかりと収集するためにも、A社の調査に主体的に関与すべきです。

具体的な調査の進め方ですが、A社とB社が共同して、中立の立場の

弁護士等の専門家で構成される調査委員会を立ち上げ、調査目的、方法、費用等についても、事前に合意した上で、調査をすることが、一方に偏った調査とならずに公平な結論を得られる最善の手段であると考えます。

　取引先A社からの調査への協力を拒否したり、ましてや、取引を解除するといった不利益な取扱いをすることは、セクハラ指針の趣旨にも反するものですので、控えるべきです。

📌 裁判例では

　外部へのセクハラに関する裁判例には、以下のようなものがあります。いずれも職員に対する懲戒処分は有効と判断されました。
（1）　都立高校職員の外部研修中の他の参加者へのセクハラ言動により行われた戒告処分、その後の免職処分が裁量権の範囲を逸脱するとはいえないとされた事案（東京都教委（新宿山吹高校）事件＝東京地判平12・5・31労判796・84）

　都立高校教員が、文部省主催の初任者教員に対する洋上研修に参加中に、参加者を班別に分けて行う研修の中で、①他の班員を「サル」と呼ぶなどあざけるような発言をしたり、②洋上運動会の班名称を決定する際に、「マスかきザルか、ロリコン変態がいい、それは俺の趣味だ」といった発言をしたりしました。また、③女性班員に船内で出会った際に頭突きをするような行動をしたり、④朝礼の際、前に並んだ女性班員に対し、背部から腰部をなぞり、なにをするのかと問われたのに対し、「性的に感じるかどうか調べたんだ」と答え、⑤船内廊下で女性班員らから「酒臭い」と言われたことに対して、同人らに息を吹きかけ、⑥船内廊下で、女性班員の左脇腹をつねるといった言動をしました。

これらの言動についての戒告処分及び、その後免職処分をしたことが裁量権の範囲を逸脱するとはいえないとされました。

(2) 地方公共団体の男性職員の制服着用中のコンビニでの言動について停職6か月の懲戒処分をした事案（最判平30・11・6判タ1459・25）

地方公共団体の男性職員がコンビニエンスストアの女性従業員にわいせつな行為等（手を握って店内を歩行し、当該従業員の手を自らの下半身に接触させようとする行動をとったこと、以前より当該コンビニエンスストアの店内において、そこで働く従業員らを不快に思わせる不適切な言動を行っていたこと）をしたことを理由に停職6か月の懲戒処分をしたことについて、裁量権の範囲を逸脱し又はこれを濫用した違法があると判断した原審の判断に違法があると最高裁が判示した事案です。当該行為のうち、手を握って店内を歩行し、手を下半身に接触させようとする行動をとったことは、勤務時間中に制服を着用してなされたものである上、複数の新聞で報道され、地方公共団体においても記者会見が行われ、公務一般に対する住民の信頼が大きく損なわれ、社会に与えた影響が大きい点も判断要素とされました。

Case 44 主要な取引先の社員から自社の社員がセクハラを受けたが、事を荒立てずに済ませたい

当社（A社）の女性社員から、主要取引先（B社）の接待のための会食中に、男性社員からセクハラを受けたとの相談がありました。相手は、主要取引先であり、事を荒立てずに、なるべく穏便に済ませたいのですが、どのように対処すればよいでしょうか。

専門家の眼

当該女性社員から事情聴取をし、女性社員を担当から外す、複数人で担当させるというように、孤立させないようにします。必要に応じて、取引先B社にも事実確認への協力要請をしたり、再発防止に向けた措置への協力を求めるべきです。

✦ 外部からのセクハラ

（1） セクハラ指針

外部からのセクハラは、男女雇用機会均等法11条に定められた措置義務の対象となっています。セクハラ指針2（4）には、以下のように、セクハラ言動を行う者には、「取引先等の他の事業主又はその雇用する労働者」が含まれることが明記されています。

> 「性的な言動」とは、性的な内容の発言及び性的な行動を指し、この「性的な内容の発言」には、性的な事実関係を尋ねること、性的な内容の情報を意図的に流布すること等が、「性的な行動」には、性的な関係を強要

> すること、必要なく身体に触ること、わいせつな図画を配布すること等が、それぞれ含まれる。当該言動を行う者には、<u>労働者を雇用する事業主（その者が法人である場合にあってはその役員。以下この（4）において同じ。）、上司、同僚に限らず、取引先等の他の事業主又はその雇用する労働者、顧客、患者又はその家族、学校における生徒等もなり得る</u>（下線は筆者。）。

（2） ひとまずの対応

A社としては、被害に遭った女性社員を取引先B社の担当から外す、外せない場合には、複数人で担当させるというように孤立させないようにしましょう。また、被害に遭った女性社員からどのようなことがあったのか事情聴取もきちんと行い、メンタルケアに努めましょう。

（3） 取引先への協力要請

セクハラ指針において、外部からのセクハラへの事後対応として、次の2つの内容が記載されています。

「必要に応じて、他の事業主に事実関係の確認への協力を求めることも含まれる。」（セクハラ指針4（3）イ）

「必要に応じて、他の事業主に再発防止に向けた措置への協力を求めることも含まれる。」（セクハラ指針4（3）ニ）

そして、このような協力の求めを受けた側のB社は、これに応じるようにする努力義務があります（雇均11③）。

したがって、被害を受けた女性社員の雇用主であるA社としては、取引先B社に対し、「当社の女性社員が接待中に御社の社員からセクハラを受けたとの被害申告がありました。当社で調査するので協力してください。」と必要に応じて協力を求めることになります。

なお、セクハラ指針5には、このような協力を求められたことを理由として、取引先B社が、A社に対し、契約を解除する等の不利益な取扱いを行うことは望ましくないものであるとの記述もあります。

調査の進め方

　調査への協力の求めを受けたB社としては、協力依頼に応ずるべき努力義務を負っています。加えて、使用者責任（民715）を追及されるべき立場にありますので、B社の男性社員（ハラスメント行為者）にA社からのヒアリングに応ずるよう業務命令をなす、B社の男性社員をA社の担当から外す等の事後対応に協力すべきです。

　男女雇用機会均等法11条3項の文言からすれば、「調査に協力する努力義務」しかない従属的な意味合いに捉えられがちですが、協力を求められた会社も主体的に調査に関与すべきと考えます。仮に、セクハラの事実があった場合は、B社は、A社の女性社員から使用者責任（民715）を問われる立場にあるからです。また、セクハラ行為が認められた場合、B社は、男性社員（ハラスメント行為者）に対し、懲戒処分を検討する必要もあります。

　調査の進め方については、A社とB社が共同して、中立の立場の外部の専門家（弁護士等）で構成する調査委員会を立ち上げて進め、費用を折半するといった方法が考えられます。一方の会社が主体的に調査をした場合には、調査結果に不服が残るおそれもありますので、なるべく中立的な方法で進めるのがよいでしょう。

加害者が全く知らない人物である場合

　外部からのセクハラは、いわゆるカスタマーハラスメントのうち、性的な言動が外部からなされるものです。加害者が取引先の社員であれば、人物が特定できますが、全くの知らない人物からのセクハラの場合もあるでしょう。

　例えば、会社の受付カウンターや店舗の窓口対応をする女性社員が、

第３章　会社対応に関するグレーゾーン

外部の男性からつきまとわれているといった被害も起こり得ます。店舗の販売員が店先で痴漢のような被害に遭うとか、電話応対において卑猥な言葉を掛けられるといったことも起こり得ます。全く知らない人物からのつきまといや痴漢被害については、犯罪行為が成立する場合もありますので、捜査機関に相談するといった方法も考えられます。しかし、被害に遭った従業員個人が捜査機関に相談することを躊躇する場合もあるでしょう。

　会社の業務が妨害されているとか、店舗への不法侵入が認められる場合には、会社が被害者として、被害申告をすることも一手です。

★　カスタマーハラスメント法整備へ

　近時の報道によると「カスタマーハラスメント」について法整備の動きがみられます。「カスタマー」の範囲に主要な取引先といった法人が含まれるのか、当事者間にどのような関係があれば、カスタマーハラスメントが成立するのかが注目されます。

Case 45 自社で受け入れている派遣社員がセクハラの被害者あるいは加害者になったら、派遣会社に全ての対応を任せたい

　当社は、派遣会社から派遣社員を受け入れています。派遣社員がセクハラの被害者になったり、逆に、加害者になったりした場合、当社は、派遣会社に全ての対応を任せたいのですが、何か問題はありますか。

専門家の眼

　派遣会社（派遣元）は当事者の雇用主として、派遣受入先（派遣先）は派遣社員を指揮命令する立場の会社として、それぞれ措置義務を履行しなければなりません。

📌 派遣社員がセクハラの当事者になったら

（1）　派遣受入先は初動に注意

　派遣受入先としては、派遣社員がセクハラの当事者になった場合、派遣会社が解決してくれるだろうと考えがちですが、「派遣会社の担当者に相談しなさい」等と突き放した対応をしてしまうのは間違いです。派遣受入先も、派遣社員のセクハラについては、自らも措置義務を負います。

（2）　派遣法47条の2及びその運用通達

　派遣法47条の2によれば、男女雇用機会均等法11条に定められた措

置義務については、派遣受入先も、派遣元同様に、措置義務を負います。具体的には、「労働者派遣事業の適正な運営の確保及び派遣労働者の保護等に関する法律第47条の2から第47条の4までの規定の運用について」（平28・8・2雇児発0802第2）にその運用方法が記載されています。

★ 派遣社員がセクハラ被害者のとき

派遣受入先は、派遣社員から、セクハラ被害に遭ったとの申告を受けた場合には、自社の社員から被害申告を受けた場合と同様に事後対応をします。すなわち、相談を受け付け、調査（事情聴取）をし、セクハラが認定できた場合には、加害者の懲戒処分、配転等の処遇変更を検討します。

派遣社員からセクハラの被害申告があったことを、派遣会社に報告する際は、プライバシー保護の観点から、被害者本人の同意を得ておきましょう。

派遣社員がメンタルヘルス不調などの問題を抱えている際は、その対応について、派遣受入先と派遣元が連携をとる必要もありますから、報告を入れておく方がよいでしょう。

★ 派遣社員がセクハラ加害者のとき

派遣社員がセクハラ加害者の場合で、派遣受入先の社員がセクハラ被害者になった際は、派遣受入先は、セクハラ被害者の雇用主という立場になります。したがって、派遣受入先の社員がセクハラ被害に遭ったのですから、措置義務の履行及び安全配慮義務の履行の観点から、セクハラの事後対応をする必要があります。

まずは、派遣受入先は、被害者及び加害者の調査を実施し、セクハ

ラが認定できた場合には、派遣社員（加害者）に対し、注意や研修を実施することが考えられます。

ただ、派遣受入先は、派遣社員（加害者）の雇用主ではありませんから、懲戒処分や解雇はできません。被害者と加害者を隔離する必要がある場合には、派遣会社に、派遣社員の入替えを求めることになります。

📌 裁判例では

派遣女性従業員が、派遣先の男性上司から、「飲みに行こう」と誘われたり、「お尻を触ったろか」とか「エッチしよう」などと言われたり、お尻を触られたりしたというセクハラ被害を受けた事案があります（奈良地判平22・6・15（平20(ワ)1020））。判示では、派遣先会社の使用者責任は認められましたが、派遣元会社は、派遣従業員に対して、指揮命令権を有するわけではなく、派遣従業員も派遣先の指揮命令に服することになるから、派遣元会社としては、派遣先の経営方針に介入しない限度で派遣従業員の労働環境の維持に資する対応をとれば足りると解すべきであるとして、派遣元会社の使用者責任は否定されました。

第3章　会社対応に関するグレーゾーン　　　　167

> **Case 46** 出向社員がセクハラの加害者あるいは被害者になったら、出向先に全ての対応を任せたい
>
> 当社は、人事交流のために、取引先に社員を出向させています。出向社員がセクハラの被害者になったり、逆に、加害者になったりした場合、出向先に全ての対応を任せたいのですが、何か問題はありますか。

専門家の眼

いずれの場合も全ての対応を出向先に任せることはできません。

1　①出向社員が被害者の場合、出向元は、被害者の雇用主として、事実関係を調査し、出向先に職場改善や出向契約の解消を求めましょう。②他方で、出向先は、自らの職場でセクハラが発生していることから、事実の調査はもちろん、配置転換や職場改善、加害者の懲戒処分を検討します。

2　①出向社員が加害者の場合、出向元は、加害者の雇用主として、懲戒処分や配置転換を検討するに当たり、出向社員から事情聴取をし、事案の解決に当たりましょう。②他方で、出向先は、被害者の雇用主として、事実関係を調査し、配置転換や出向契約の解消を検討しましょう。

✒ 出向とは

出向とは、出向元と雇用関係を維持したまま、関連会社や取引先等

の他の会社に異動させて、出向先の指揮命令下で業務をする雇用形態をいいます。人事交流やキャリア形成、スキルアップ、雇用調整などの目的で行われます。

★ 出向社員がセクハラ被害者のとき

　出向社員がセクハラ被害に遭った場合は、自らの職場でセクハラが発生していることから、基本的には、出向先が対応することになります。

　しかし、出向社員から、出向元にセクハラの被害申告があった場合、出向元も対応をしなければなりません。出向元は、出向社員の雇用主として、労働契約を締結していますから、安全配慮義務や職場環境配慮（調整）義務を負う場合がありますので、被害に遭った出向社員からまずは事情聴取をしましょう。また、出向先の協力を得て、出向先の職場で事実の調査をしたり、若しくは、出向先に事実調査を要望しましょう。そして、セクハラの認定ができた場合には、出向先に対し、職場環境の改善を求めたり、場合によっては、出向社員の入替えを検討しましょう。

　出向先は、主体的に事実の調査を行い、配置転換を含む職場改善や加害者の懲戒処分を検討します。

★ 出向社員がセクハラ加害者のとき

　他方、出向元は、自社の社員がセクハラをしたため、使用者責任（民715）を問われるおそれがあります。出向元に使用者責任が認められるかは判断が分かれるところです。

　しかし、少なくとも、出向元としては、セクハラの加害者となった出向社員に対して、懲戒処分を行ったり、出向を解消したりして事後

対応をする必要があります。そのためには、出向元としても、出向社員に対し、事実関係のヒアリングをしたり、出向先の協力を得て、事実調査をしたりして、事案の解決に努める必要があります。

　出向先は、自社の社員が、出向社員からセクハラ被害に遭っていることから、男女雇用機会均等法11条の措置義務の履行として、被害者の社員からの相談を受け、ヒアリング等の事実調査を実施します。セクハラが認定された場合には、配置転換や出向元との出向契約の解消を検討しましょう。

📌 裁判例では

　出向社員が、出向先でセクハラをした事案として、横浜セクシュアル・ハラスメント事件（東京高判平9・11・20労判728・12）があります。親会社から子会社に出向している男性社員が、子会社の女性社員に対し、抱きついて、キスしたり、胸や下腹部を触るといったわいせつ行為をした事案です。女性社員が原告となり、出向先の子会社・出向元の親会社・男性社員の3名を被告として損害賠償請求をしましたが、出向先の使用者責任のみが認められ、出向元については実質的な指揮監督関係がないとして、使用者責任は否定されました。

Case 47　上司が部下の性的な事柄をネタにしてうわさ話を流したことで、部下から抗議されたため、部下を遠方に転勤させた

　男性上司は、部下の男性社員について、「あいつは女性経験がない」「結婚はおろか、彼女ができたこともない」などという性的な事柄をネタにして、社内のみならず、取引先にも、性的なうわさ話を流していました。たまりかねた男性社員が、男性上司に「そんなうわさを流すのをやめてください」と抗議したところ、バツが悪くなった男性上司は、男性社員を遠方に転勤させました。男性上司のどのような言動がセクハラに該当しますか。

専門家の眼

　性的な事柄をネタにして笑い話として性的なうわさを流したことは、男性社員を被害者とするセクハラに該当する言動です。さらに、抗議されたことを理由として、遠方に転勤させたことは、対価型セクハラに該当します。なお、男性から女性への言動だけではなく、同性同士の言動もセクハラに該当します。

★　性的なうわさを流すこと

　セクハラ指針2(4)では、「性的な言動」として、「性的な内容の発言」が挙げられています。そして、「性的な内容の発言」の一例として、「性的な内容の情報を意図的に流布すること」が含まれるとされてい

ます。男女雇用機会均等法施行通達第3・1(3)イ③にも同様の記載があります。

本事例の「あいつは女性経験がない」「結婚はおろか、彼女ができたこともない」といううわさ話は、男性部下の性的な内容を意図的に流布することであり、男性部下を被害者とするセクハラに該当します。

📌 対価型セクハラ

また、男性上司は、部下から抗議されたことから、遠方に転勤させるという報復ともいえる行為をしています。これは、対価型セクハラに該当します。

男女雇用機会均等法11条1項では、「セクハラ」の2つの類型について定義をし、そのセクハラを防止するために、事業主に、必要な措置を講じることを義務付けています。その1つの類型が、対価型セクハラです。また、セクハラ指針2(5)(6)では、男女雇用機会均等法11条1項の文言を基に、セクハラ行為を対価型セクハラと環境型セクハラの2つに分類しています。対価型セクハラとは、職場において行われる労働者の意に反する性的な言動に対する労働者の対応（拒否や抵抗）により、その労働者が解雇、降格、減給等（労働契約の更新拒否、昇進・昇格の対象からの除外、客観的に見て不利益な配置転換等）の不利益を受けることをいいます。

さらに、セクハラ指針2(5)では、対価型セクハラの典型例が3つ挙げられていますが、そのうち、「ハ　営業所内において事業主が日頃から労働者に係る性的な事柄について公然と発言していたが、抗議されたため、当該労働者を降格すること」の例が、本事例と類似しています。本事例のように、部下が抗議したことにより、遠方に転勤させるという、客観的に不利益な配置転換を行うことは、対価型セクハラに該当します。

★ 対価型セクハラの法的効果

　対価型セクハラにより、解雇、降格、減給等（労働契約の更新拒否、昇進・昇格の対象からの除外、客観的に見て不利益な配置転換等）が行われた場合、その法的効果はどうなるのでしょうか。

　セクハラを抗議されたことを理由とした不利益な処分は、公序良俗（民90）に反しているとか、客観的合理性や社会的相当性を欠くものとして権利濫用（労契16等）により、違法無効となります。したがって、本事例の部下の配置転換は無効となり、慰謝料請求の対象にもなります。

第3章　会社対応に関するグレーゾーン　　173

| Case 48 | トランスジェンダーの男性社員を営業職から外し、社内業務のみの事務職に配置転換した |

　日頃から女性の服装で勤務しているトランスジェンダーの男性部下がいますが、取引先や顧客が嫌悪感を抱くということで、当該男性部下がずっと継続していた営業職から外し、社内業務のみの事務職としました。このような対応はセクハラに該当するのでしょうか。

専門家の眼

　トランスジェンダーの男性部下を、取引先や顧客が嫌悪感を抱くからという理由だけで営業職から外し社内業務のみの事務職に配置転換したことは、性的少数者である部下に対する差別的な言動です。これをストレートにセクハラと呼ぶかは議論の余地が残りますが、何らかのハラスメントといえます。

★　性的少数者に関するハラスメント

　性的少数者に対するハラスメントには、1つは、性的指向（恋愛の対象がいずれの性別か）に関するハラスメント、例えば、同性愛者に対して、「ホモ」「レズ」というような言葉を用いて差別的な発言をしたりすることが挙げられます。

　もう1つは、本事例のように、性自認（割り当てられた性別に対する認識）に関するハラスメント、例えば、トランスジェンダーの方に、

「おかま」「おなべ」といった言葉を使ったり、いわゆる「オネエタレント」の風貌を笑いの対象にするようなことをしたりすることが挙げられます。

また、職場において、性的少数者への言動がよく問題となるケースとしては、性的指向や性自認に関する情報を本人の意図しないところで暴露してしまうアウティング（パワハラの6類型のうちの「個の侵害」）があります。

✈ トランスジェンダーであることを理由とした配置転換

セクハラ指針2（1）及び男女雇用機会均等法施行通達第3・1（3）イ③では、被害者の性的指向又は性自認にかかわらず、性的少数者に対する言動もセクハラ指針の対象となる旨記されています。

令和のこの時代には、トランスジェンダーに対する理解も以前よりも進んできたことから、男性社員が女性の服装をしていたとしても、取引先や顧客が嫌悪感を抱くとは限りません。取引先や顧客が嫌悪感を抱くという抽象的な可能性だけをもって、男性社員が継続してきた営業職から社内業務のみの事務職に配置転換することは、トランスジェンダーであることに対する差別的な言動に該当します。

ただ、セクハラは「性的な言動」であることから、これがストレートにセクハラに該当するかは議論の余地が残りますが、何らかのハラスメントであり、違法行為といえます。

✈ 裁判例では

S社懲戒解雇事件（東京地決平14・6・20労判830・13）では、出版社に勤務していた性同一性障害の男性が「女装を理由に解雇されたのは不当」と主張して、地位保全を求めた仮処分を申し立てました。東京地裁は、

元社員の訴えを認め、解雇を無効とする決定をしました。男性は、性同一性障害の診断を受けた後、家庭裁判所で女性名への改名を認められました。その後、配置転換を内示された際、女性の服装で勤務することや女性用トイレの使用などを求めたものですが、会社側はこれを認めず、女装で出勤した元社員を服務命令違反などで懲戒解雇にしたのです。東京地裁の決定では、「女性としての行動を抑制されると、多大な精神的苦痛を被る状態にあった」とした上で、時間が経てば違和感や嫌悪感も、緩和される余地があり、取引先や顧客が抱く違和感や嫌悪感については、業務遂行上著しい支障を来たすおそれがあると認められない旨判断されました。

　また、Y交通事件（大阪地決令2・7・20労経速2431・9）は、タクシー乗務員である性同一性障害を持つ男性（生物学的性別は男性だが、性自認は女性）が、化粧をして乗務していることについて、乗客に違和感や不安感を与えることから会社がタクシーに乗務させないという就労拒否をした事案です。タクシー会社には、「身だしなみ規定」が置かれており、それ自体は、目的が正当であるとされましたが、男性の化粧の程度が他の女性乗務員と同程度かといった点を問題とすることなく、化粧を施した上での乗務を拒否したことについて必要性・合理性が認められないと判断され、就労拒否の正当性が否定されました。裁判例では、「今日の社会において、乗客の多くが、性同一性障害を抱える者に対して不寛容であるとは限らず、債務者（会社）が性の多様性を尊重しようとする姿勢を取った場合に、その結果として、乗客から苦情が多く寄せられ、乗客が減少し、経済的損失などの不利益を被るとも限らない」と判示されており、性同一性障害に対する社会の認識が変化している点にも言及がなされていることが注目されます。

> **Case 49** ハラスメント規定策定前のセクハラ行為が発覚したため、現行のハラスメント規定に基づいて懲戒処分を課した
>
> 　当社では、もともとハラスメント規定をおいておらず、この度、初めて規定を策定しました。ハラスメント規定策定前のセクハラ行為が発覚したのですが、この度策定したハラスメント規定を適用して、懲戒処分を課すことはできますか。

専門家の眼

　セクハラ行為が行われた後に発効した規定を根拠に懲戒処分をすることはできません（不遡及の原則）ので、処分の対象とする行為時までに、ハラスメント規定の周知が完了していることが必要です。

　ただし、ハラスメント規定がなくとも、従前の懲戒規定で、セクハラ行為に該当する行為が規定されていれば、その懲戒規定に基づき、懲戒処分をすることができます。

✦　ハラスメント規定の効力の確認

　会社のハラスメントの懲戒処分については、就業規則や就業規則の別規程（ハラスメント関連規程、懲戒規程等）により定められていることが一般的です。

　（1）　ハラスメント規定の効力要件の確認

　セクハラ行為に関して、懲戒処分を課すには、就業規則等が、セク

ハラ行為発生時において、社員の言動を規律する効力を有していたかをまず確認します。

　　ア　社員の雇用当初からハラスメント規定に改訂がない場合

　社員の雇用当初からハラスメント規定が改訂されていない場合には、当該ハラスメント規定が、
① 　労働契約法7条本文に定める合理性を満たすこと
② 　労働契約法7条本文に定める「労働者に周知」がなされたこと
　を確認します。

> ○労働契約法7条
> 　労働者及び使用者が労働契約を締結する場合において、使用者が合理的な労働条件が定められている就業規則を労働者に周知させていた場合には、労働契約の内容は、その就業規則で定める労働条件によるものとする（下線は筆者。）。ただし、労働契約において、労働者及び使用者が就業規則の内容と異なる労働条件を合意していた部分については、第12条に該当する場合を除き、この限りでない。

　ハラスメント規定の内容に「合理性」がないと判断されることは実務上稀ですから、②の「周知」の要件を満たしているかを確認することになるでしょう。「周知」の方法については、（2）のとおりです。

　　イ　社員の雇用期間の途中でハラスメント規定が改訂された場合

　社員の雇用期間の途中でハラスメント規定が改訂された場合は、ハラスメント規定が、
(ア)① 　労働契約法10条本文に定める変更の合理性を満たすこと
　　② 　労働契約法10条本文に定める変更後の「労働者に周知」がなされたこと
　若しくは、
(イ)　労働契約法9条の合意の要件が充足されていること
　を確認します。

○労働契約法9条
　使用者は、労働者と合意することなく、就業規則を変更することにより、労働者の不利益に労働契約の内容である労働条件を変更することはできない（下線は筆者。）。ただし、次条の場合は、この限りでない。

○労働契約法10条
　使用者が就業規則の変更により労働条件を変更する場合において、変更後の就業規則を労働者に周知させ、かつ、就業規則の変更が、労働者の受ける不利益の程度、労働条件の変更の必要性、変更後の就業規則の内容の相当性、労働組合等との交渉の状況その他の就業規則の変更に係る事情に照らして合理的なものであるときは、労働契約の内容である労働条件は、当該変更後の就業規則に定めるところによるものとする（下線は筆者。）。…。

（2）　「労働者に周知」がなされているかの確認方法

　労働契約法7条及び10条の各本文の「周知」は、労働基準法施行規則52条の2に列記された方法（①常時各作業場の見やすい場所へ掲示し、又は備え付けること、②書面を労働者に交付すること、③使用者の使用に係る電子計算機に備えられたファイル又は同規則24条の2の4第3項3号に規定する電磁的記録媒体をもって調製するファイルに記録し、かつ、各作業場に労働者が当該記録の内容を常時確認できる機器を設置すること）といったことが考えられますが、実質的に事業場の労働者に対して、当該就業規則等の内容を知り得る状態に置いておくことが必要とされています。最近では、社員がアクセスできる共有サーバーにデータとして保管しておくとか、社内ホームページに掲示するといった方法が一般的かと思われます。

　ハラスメント行為が発生した際は、ハラスメントに関する懲戒処分の規定が上記の方法により「労働者に周知」されていたかを確認しま

第3章　会社対応に関するグレーゾーン

す。周知に関する法令の規定は、以下のとおりです。

○労働基準法106条1項
　使用者は、この法律及びこれに基づく命令の要旨、就業規則を、…常時各作業場の見やすい場所へ掲示し、又は備え付けること、書面を交付することその他の厚生労働省令で定める方法によって、労働者に周知させなければならない。

○労働基準法施行規則52条の2
　法第106条第1項の厚生労働省令で定める方法は、次に掲げる方法とする。
一　常時各作業場の見やすい場所へ掲示し、又は備え付けること。
二　書面を労働者に交付すること。
三　使用者の使用に係る電子計算機に備えられたファイル又は第24条の2の4第3項第3号に規定する電磁的記録媒体をもって調製するファイルに記録し、かつ、各作業場に労働者が当該記録の内容を常時確認できる機器を設置すること。

★　何が禁止されている「セクハラ」かの確認

　会社のセクハラに関する規定は、男女雇用機会均等法上の措置義務の履行として制定されていることがほとんどであるため、会社のセクハラの定義規定も、男女雇用機会均等法やセクハラ指針と同一内容で定められていることが多いと思われます。
　といっても、ハラスメント規定は各社千差万別であるところ、会社のハラスメント規定で禁止される「セクハラ」とは何かを確認する必要があります。
　厚生労働省のモデル規定を参考にして、セクハラの定義を以下のように定めておけば、一般的な対応となります。

（1） セクハラの定義

【サンプル規定】
　セクシュアルハラスメントとは、職場における性的な言動に対する他の従業員の対応等により当該従業員の労働条件に関して不利益を与えること又は性的な言動により他の従業員の就業環境を害することをいう。また、相手方の性的指向又は性自認に関わらないほか、異性に対する言動だけでなく、同性に対する言動も該当する。

（2） 職場の定義

【サンプル規定】
　本規定における職場とは、当該従業員が日常的に勤務する場所のみならず、従業員が業務を遂行する全ての場所をいい、また、就業時間内に限らず、実質的に職場の延長としてみなされる就業時間外の時間も含むものとする。

（3） セクハラの禁止

【サンプル規定（ハラスメント全般の禁止）】
　全ての従業員は、他の従業員、取引先の従業員や求職中の者等を業務遂行上の対等なパートナーとして認め、職場における健全な秩序並びに協力関係を保持する義務を負うとともに、職場内において次の行為をしてはならない。

【サンプル規定（セクハラの禁止）】
　セクシュアルハラスメントとは、職場における性的な言動に対する他の従業員の対応等により当該従業員の労働条件に関して不利益を与えること又は性的な言動により他の従業員の就業環境を害することをいう。また、相手方の性的指向又は性自認に関わらないほか、異性に対する言動だけでなく、同性に対する言動も該当する。

【サンプル規定（セクハラ行為)】
　セクシュアルハラスメントとは、上記の要件を満たす以下のような行

為をいう。
① 性的及び身体上の事柄に関する不必要な質問・発言
② わいせつ図画の閲覧・配布・掲示
③ 性的な事柄に関するうわさの流布
④ 不必要な身体への接触
⑤ 性的な言動により、他の従業員の就業意欲を低下せしめ、能力の発揮を阻害する行為
⑥ 交際・性的関係の強要
⑦ 性的な言動への抗議又は拒否等を行った従業員に対して、解雇、不当な人事考課、配置転換等の不利益を与える行為
⑧ その他、相手方及び他の従業員に不快感を与える性的な言動

✦ ハラスメント規定がない場合には懲戒規定の確認を

　ハラスメント規定がなくとも、従前の懲戒規定に、「刑法犯に該当する行為」とか「職場秩序を乱す行為」といった行為が懲戒処分の対象として挙げられている場合には、これを使って、懲戒処分をすることが可能です。ハラスメント規定策定前のセクハラ行為が発覚した場合には、従前の懲戒処分の規定をよく見て、該当する行為が規定されていないかを精査しましょう。

第3章　会社対応に関するグレーゾーン

> **Case 50** 「お局さん」とか「夜の仕事しないの？」といった言葉だけのセクハラで重い懲戒処分を課した
>
> 　就業時間中に、オフィス内で、男性社員が女性社員に対して、「30歳はお局さんでもう若くない」「夜の仕事しないの？」といったセクハラ発言をしました。セクハラといっても、言葉のセクハラだけで、身体に触れたりするといったことはありませんでした。このような言葉のセクハラだけで重い懲戒処分を課すことはできますか。

専門家の眼

　言葉のセクハラだけであっても、それが長期間にわたり、執拗に、繰り返し行われた場合には、女性社員に与えた精神的苦痛は大きいものです。行為の性質・態様や、加害者である男性社員の立場、加害者の過去の注意指導や懲戒処分歴等に照らして、相応に重い処分内容を検討してもかまいません。

📌 懲戒処分の有効要件

　懲戒処分は無制限にできるものではありません。労働契約法15条においては、「使用者が労働者を懲戒することができる場合において、当該懲戒が、当該懲戒に係る労働者の行為の性質及び態様その他事情に照らして、客観的に合理的な理由を欠き、社会通念上相当であると認

められない場合は、その権利を濫用したものとして、当該懲戒は、無効とする」と定められています。

すなわち、①懲戒処分の根拠規定の存在、②懲戒事由の該当性、③相当性（処分の相当性と手続の相当性）の要件を具備する必要があります。そして、これらの要件を欠いた懲戒処分は無効となり、不法行為として慰謝料の発生原因となることもあります。

✈ セクハラを理由に懲戒処分を課すには根拠規定が必要

セクハラを理由に懲戒処分をするためには、会社の懲戒規定に、セクハラを理由として、懲戒処分を課すことができる規定があることが必要です。

例えば、セクハラについて、男女雇用機会均等法上のセクハラ行為を懲戒事由としている場合もありますし、それに類する行為をも懲戒事由としている場合もあります。

セクハラ行為のうち、「身体的接触がある場合」や「行為が継続している場合」、「上司から部下に対するセクハラの場合」を、より重い懲戒処分の事由としている場合もあります。

セクハラに特化していない懲戒事由であっても、「刑法上の行為に該当する行為」が懲戒事由となっていれば、この該当性を検討します。

✈ 近時の裁判例・判例を参考とすべき

軽微なセクハラ行為に、不相当に重い懲戒処分（例えば、懲戒解雇、諭旨解雇等）をした場合には、懲戒処分の有効性が争われるリスクがあります。社内の過去の懲戒処分のデータをもとに、同種のセクハラ行為に対しては、同等の処分を課すことが原則です。しかし、セクハラについては、従来よりも世間の目が厳しくなってきています。セク

ハラ行為に対し、懲戒処分をする際は、最近の裁判例・判例の動向も参考にするとよいでしょう。

セクハラ行為による処分の相当性が最高裁まで争われた事案として、L館事件（最判平27・2・26労判1109・5）が著名なものとして挙げられます。この事案では、水族館等の経営等を目的とする会社の男性社員2名が、2名の女性に対して性的な発言等のセクハラ行為をしたことを懲戒事由として、出勤停止30日と10日の懲戒処分とされた上で、それを受けたことを理由に人事上の措置として、下位の等級に降格されました。降格処分は、減給とは異なり、長期間にわたり、収入が減るという大きなペナルティを伴う重い処分です。

言葉だけのセクハラの事案でしたが、最高裁が、判決に別紙を添付し、「30歳は、二十二、三歳の子から見たら、おばさんやで。」「もうお局さんやで。怖がられてるんちゃうん。」「夜の仕事とかせえへんのか。」といったセクハラ言動を赤裸々に羅列したことが印象深い事件です。最高裁は、男性社員らに対する各処分を有効と判断しました。

★ 国家公務員の懲戒処分の指針も参考となる

国家公務員の懲戒処分の指針である「懲戒処分の指針について」（平12・3・31職職68）も、具体的なセクハラ行為に対して、標準的な懲戒処分の種類を掲げており、処分の選択の際の参考となります。

別紙　懲戒処分の指針
　第2　標準例
　　1　一般服務関係
　　　(14)　セクシュアル・ハラスメント（他の者を不快にさせる職場における性的な言動及び他の職員を不快にさせる職場外における性的な言動）
　　　　ア　暴行若しくは脅迫を用いてわいせつな行為をし、又は職場に

> おける上司・部下等の関係に基づく影響力を用いることにより強いて性的関係を結び若しくはわいせつな行為をした職員は、免職又は停職とする。
> イ　相手の意に反することを認識の上で、わいせつな言辞、性的な内容の電話、性的な内容の手紙・電子メールの送付、身体的接触、つきまとい等の性的な言動（以下「わいせつな言辞等の性的な言動」という。）を繰り返した職員は、停職又は減給とする。この場合においてわいせつな言辞等の性的な言動を執拗に繰り返したことにより相手が強度の心的ストレスの重積による精神疾患に罹患したときは、当該職員は免職又は停職とする。
> ウ　相手の意に反することを認識の上で、わいせつな言辞等の性的な言動を行った職員は、減給又は戒告とする。

✎ 社内での研修等での周知も必要

　セクハラ行為に対して、会社内で発生した過去の同種事案よりも重い処分を検討する場合には、今回のセクハラ行為以前に、社員に対してセクハラ禁止の注意喚起をしたり、研修をしたり、トップからのメッセージを発する等、会社としてセクハラ防止に一層注力することから従前よりも厳罰をもって対応する旨を周知しておくべきと考えます。

　上述のL館事件の最高裁判決でも、セクハラ防止のための研修や文書の配布・掲示等の取組がなされていたことが考慮されています。

> **Case 51** セクハラ調査の際、加害者へヒアリングをしたことをもって、その後の懲戒処分の際に「弁明の機会」を済ませたことにした
>
> セクハラ事案の加害者に対し、就業規則の手続に従って、懲戒処分を行おうと考えています。当該加害者に対するセクハラ調査のヒアリングを行っているので、それをもって懲戒処分に先立つ「弁明の機会」を済ませたとし、改めて「弁明の機会」を持つことは不要でしょうか。

専門家の眼

　セクハラ調査のヒアリングは、あくまでセクハラの事実認定のための手続であり、懲戒処分をするか否かは、事実認定をした後に出てくる問題です。懲戒処分の「弁明の機会」は、就業規則や懲戒規程にのっとって、改めて付与すべきであり、これを不要とすることは避けるべきです。

📌 懲戒処分の「弁明の機会」は必要か

　まず、一般的に、社員に非違行為があった場合に、懲戒処分をするに当たり、「弁明の機会」の付与が必要か否かという点が問題となります。すなわち、「弁明の機会」の付与を欠く懲戒処分は、適正な手続を経ていないものとして無効となるのかという問題です。
　この点、就業規則等に弁明の機会を付与する旨の規定があれば、「弁

明の機会」の付与を欠いた懲戒処分は無効となります（千代田学園（懲戒解雇）事件＝東京高判平16・6・16労判886・93）。

他方で、弁明の機会の付与に関する規定がない事案である日本HP本社セクハラ解雇事件（東京地判平17・1・31判タ1185・214）では、「就業規則に弁明の機会の付与の規定がない以上、弁明の機会を付与しなかったことをもって直ちに当該懲戒処分が無効になると解することは困難というべきである」として、弁明の機会を付与せずになされた懲戒処分を有効と判断されました。ただし、同判例でも「一般論としては、適正手続保障の見地からみて、懲戒処分に際し、被懲戒者に対し弁明の機会を与えることが望ましい」と判示されています。

懲戒手続規定において、弁明の機会の付与に関する明文がない場合であっても、懲戒処分の有効性に関し、後に訴訟で適正手続違反が争われる余地があります。このような無用の争いの余地を残さないように、懲戒処分に当たっては、弁明の機会を付与しておいたほうが無難です。

✒ セクハラ調査におけるヒアリングと懲戒処分の弁明の機会の関係

（1） セクハラ調査におけるヒアリングの意義

セクハラ調査のヒアリングの目的はあくまで、セクハラの被害申告者が述べているセクハラ行為者の言動がハラスメント規程に定義されているセクハラに該当するかを判断することにあります。

しかし、結局のところ、ハラスメント規程に定義されるセクハラに該当する場合には、同時に懲戒事由に該当するような規定となっていることが多いものです。そのような場合、セクハラのヒアリングを経て認定された事実関係は、懲戒事由該当性の判断に用いられることに

なります。さらに、セクハラ行為者がヒアリングで述べた内容には、懲戒処分の相当性を判断する際に考慮される情状に関する事実が含まれることも多いものです。

とすれば、セクハラ調査におけるヒアリングにより、懲戒処分のために必要な事情は全て行為者から聴取済みであり、さらに、懲戒処分に当たり弁明の機会を付与しても、同じことを複数回聴取して二度手間ではないかという発想になるかもしれません。

（2） 懲戒処分の弁明の機会の意義

しかし、懲戒処分については、会社によっては、就業規則や懲戒規程により、その手続が厳格に定められており、懲戒対象者への弁明の機会付与が明文化されている場合があります。その場合は、セクハラ調査のヒアリングと懲戒処分の「弁明の機会」は切り分けて行われることが前提となっているはずですので、別途、懲戒処分の「弁明の機会」を付与しなければなりません。

他方で、就業規則等に、弁明の機会付与の規定がない場合には、上記日本HP本社セクハラ解雇事件の判示するところのように、弁明の機会を付与しなかったからといって、直ちに懲戒処分が無効となるわけではありません。とすれば、セクハラ調査のヒアリングとは別に弁明の機会を設けなくてもよいように思われます。しかし、訴訟において、弁明の機会を設けないで行った懲戒処分について有効性を争われた場合には、手続的瑕疵があるという争点を増やすことになってしまいます。無効と主張されるリスクを下げるため、就業規則等において、弁明の機会の付与に関する規定の有無にかかわらず、加害者とされる懲戒対象者に対し、弁明の機会を付与しておきましょう。

（3） 弁明の機会の付与の方法

弁明の機会の付与は、対面で行うのが一般的ですが、セクハラ行為者が休職中といった場合で対面を行うことが難しい場合には、弁明内

容を書面に記して提出する機会を設けるのがよいでしょう。対面での弁明の機会の実施については、多人数で圧迫するような状況は避け、自由な発言ができるよう環境を整えましょう。書面で行う場合、書面の提出期限があまりにタイトであると十分な弁明ができなかったとのクレームが出る場合がありますので、提出の準備に必要な時間を確保しましょう。

　なお、弁明の機会は「付与」すれば足り、セクハラ行為者が、実際に弁明の機会を自主的に放棄したような場合（対面での面接に出頭しなかった、十分な準備の機会を与えたのに書面を提出しなかった）には、弁明の機会は「付与」されたといえます。

190　　第3章　会社対応に関するグレーゾーン

> **Case 52**　ハラスメント窓口担当者が、被害者に対し、「誘われる方にもスキがあったのではないか」等と発言した
>
> 　女性社員が、ハラスメント窓口にセクハラ事案の相談をした際、相談窓口担当の男性社員が、「忙しいのに、こんなことで相談しないでよ」「どんな服装していたの？」「誘われる方にもスキがあったのではないか？」「それは君が悪いよ」等という発言をして、さらにハラスメントを受けたという苦情が寄せられました。このような相談窓口担当者の発言が、さらなるセクハラに該当することはありますか。

専門家の眼

　相談者が相談窓口担当者等の言動によって、さらにセクハラ被害を受けることをセカンドハラスメント（二次セクハラ）といいます。被害者が相談することを非難したり、興味本位で被害内容を聞きだしたり、被害者に落ち度があったような発言をしたりすると、適切な事後対応がなされていないとして、セクハラ行為とは別途、違法行為となり、慰謝料が認められることがあります。

✦　男女雇用機会均等法に基づく措置義務

　事情主は、セクハラ指針に基づき、相談に対して、以下のような措置を講じる必要があります。

① セクハラに関する方針の明確化、労働者に対する方針の周知・啓発をすること（セクハラ指針4 (1)）
② 相談（苦情を含む）に応じ、適切に対応するために必要な体制の整備をすること（セクハラ指針4 (2)）

本事例のようなセカンドハラスメントが生じないよう、留意点等を記したマニュアルを整備して、それに基づいて対応するようにしたり、相談窓口担当者には研修を行うことも必要です。

相談者の心身の状況やセクハラが行われた際の受け止めなどその認識にも配慮しながら、職場におけるセクハラが現実に生じている場合だけでなく、その発生のおそれがある場合や、職場におけるセクハラに該当するか否か微妙な場合であっても広く相談に対応し、適切な対応を行うようにすることが求められています。

③ 職場におけるセクハラにかかる事後の迅速かつ適切な対応をすること（セクハラ指針4 (3)）

セクハラの事実関係を迅速かつ正確に確認し、事実確認ができた場合には、速やかに被害者に対する配慮の措置を行い、加害者に対する措置（懲戒処分、謝罪、配置転換等）を適正に行い、再発防止に向けた措置を講じる必要があります。

📌 セカンドハラスメント（二次セクハラ）

相談者が、セクハラを相談した際に、相談窓口担当者等の言動によって、更に、被害を受けることをいいます。

例えば、以下のような言動が挙げられます。
・「忙しいんだからそんなことで相談しないで」
　＝被害者が相談したことを非難するような言動
・「それは君にもスキがあったんだよ」

＝被害者に問題があるような指摘をする言動
・「それは加害者の行動にも一理ある」
　　＝加害者へ同調するような言動
・「どんな服装していたの？」「どこをどんなふうに触られたの？」「今同じようにやってみてよ」
　　＝興味本位で被害内容を聞き出すような言動
・「そんなのセクハラじゃないよ」
　　＝調査もしていないのに結論を決めつける言動
・「君が悪いんじゃないか」
　　＝被害者に配慮のない言動
　上記のような言動がなされた場合には、そもそものセクハラ行為とは別に不法行為を構成し、慰謝料の発生原因となります。

★ 裁判例では

　セクハラ発生後の上司等の言動が問題となった代表的な裁判例を紹介します。
　（１）　女性職員に対する男性係長からのセクハラ被害について、セクハラ相談窓口の担当課長の不作為が違法とされ、賠償請求が認められた事案（A市職員（セクハラ損害賠償）事件＝横浜地判平16・7・8労判880・123）があります。
　市のセクハラ相談窓口の担当課長は、男性係長に対する事情聴取等からセクシュアルハラスメントがあったことを認識していたにもかかわらず、女性職員から事情を聴き取ったりすることもなく、客観的な証拠である写真が存在していることを知りながらこれを収集せず、女性職員の求めで面談した際にも、女性職員が異動を希望していると思い込み、翌年4月まで待つよう述べただけで、女性職員が男性係長の

行為によって極めて大きな苦痛を受けており、また職場で蚊帳の外に置かれているとして救済を求めたのに対しても、今の文書法制係が女性職員には荷が重すぎたのかもしれないなどと女性職員の責任であるかのような発言をし、また全体的に男性係長をかばう発言（例えば「あなたの感じ方と私の感じ方が違うかわかんないけど、A主幹（筆者注：男性係長のこと）と10年ぐらいずっとやっているんで、ある程度性格は知ってるつもりだけど、あんまり嫌がらせなんかをする陰湿なタイプじゃないことは確かなんだよ。」等）を繰り返し、結局女性職員に対し何らの措置をとることなく、また男性係長についても何らの処置を検討することもありませんでした。

担当課長は、問題解決にとって特に重要な事実の調査・確定を十分行わず、当時把握していた事実によっても当然検討すべきであると考えられた被害者の保護や加害者に対する制裁のいずれの点についても、何もしませんでした。

（2）二次被害を発生させた上司の降格処分が有効とされた事案（新聞輸送事件＝東京地判平22・10・29労判1018・18）があります。

酒に酔って嘔吐した女性派遣社員Aは、タクシーの車内で、同僚男性社員からスカートをまくり上げられるセクハラ被害に遭いました。Aは、上司であるXに申告しましたが、Xは適切に対応しなかったばかりか、Aに対して、二次被害を与えかねない不謹慎かつ不適切な言動（「甲野（加害者）の言っていることは辻褄が合う。」「この件で問題にしても千円くらいにしかならないよ。」「問題にすると職場に居づらくなるよ。」「甲野（加害者）と結婚しちゃえば。」）を行って事態を深刻化させました。そのため、Xは降格処分を受けました。判決では、その降格処分は相当であると判断されました。

セクハラのグレーゾーン
－裁判例・指針にみる境界事例と会社対応－

令和7年1月15日　初版発行

著者　山　浦　美　紀
発行者　河　合　誠　一　郎

発行所　新日本法規出版株式会社

本　　社
総轄本部　　（460-8455）　名古屋市中区栄1－23－20
東京本社　　（162-8407）　東京都新宿区市谷砂土原町2－6
支社・営業所　札幌・仙台・関東・東京・名古屋・大阪・高松
　　　　　　広島・福岡
ホームページ　https://www.sn-hoki.co.jp/

【お問い合わせ窓口】
新日本法規出版コンタクトセンター
📞 0120-089-339（通話料無料）
●受付時間／9：00～16：30（土日・祝日を除く）

※本書の無断転載・複製は、著作権法上の例外を除き禁じられています。
※落丁・乱丁本はお取替えします。　　　　ISBN978-4-7882-9464-6
5100350　セクハラ裁判　　　　　　　Ⓒ山浦美紀 2025 Printed in Japan

併せてご活用ください！

パワハラのグレーゾーン
－裁判例・指針にみる境界事例－

著 山浦 美紀（弁護士）

Point

① パワハラか否か・・・誤認しがちな行為を6つの類型に分類し、具体的な事例を掲げて解説しています。

② 多数の裁判例やパワハラ指針、パワハラ運用通達等を参考に、判断のポイントをわかりやすく解説しています。

③ ハラスメント対応の豊富な経験と知識を持つ専門家が執筆した確かな内容です。

2023年5月発行
A5判・総頁196頁
定価2,420円（本体2,200円）送料410円

電子書籍も新日本法規WEBサイトで販売中!!

＜電子版＞定価2,200円（本体2,000円）
※閲覧はストリーミング形式になりますので、インターネットへの接続環境が必要です。

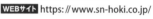
0120-089-339 (通話料無料)
受付時間 9:00～16:30（土・日・祝日を除く）
WEBサイト https://www.sn-hoki.co.jp/

詳細はコチラ！